PREFACIO

La colección de guías de conversación para viajar "Todo irá bien" publicada por T&P Books está diseñada para personas que viajan al extranjero para turismo y negocios. Las guías contienen lo más importante - los elementos esenciales para una comunicación básica.Éste es un conjunto de frases imprescindibles para "sobrevivir" mientras está en el extranjero.

Esta guía de conversación le ayudará en la mayoría de los casos donde usted necesite pedir algo, conseguir direcciones, saber cuánto cuesta algo, etc. Puede también resolver situaciones difíciles de la comunicación donde los gestos no pueden ayudar.

Este libro contiene una gran cantidad de frases que han sido agrupadas según los temas más relevantes. Esta edición también incluye un pequeño vocabulario que contiene alrededor de 3.000 de las palabras más frecuentemente usadas.Otra sección de la guía proporciona un glosario gastronómico que le puede ayudar a pedir los alimentos en un restaurante o a comprar comestibles en la tienda.

Llévese la guía de conversación "Todo irá bien" en el camino y tendrá una insustituible compañera de viaje que le ayudará a salir de cualquier situación y le enseñará a no temer hablar con extranjeros.

TABLA DE CONTENIDOS

T&P Books Publishing

Colección de guías de conversación
"¡Todo irá bien!"

T&P Books Publishing

GUÍA DE CONVERSACIÓN
— RUSO —

Andrey Taranov

LAS PALABRAS Y LAS FRASES MÁS ÚTILES

Esta Guía de Conversación contiene las frases y las preguntas más comunes necesitadas para una comunicación básica con extranjeros

T&P BOOKS

Guía de conversación + diccionario de 3000 palabras

Guía de conversación Español-Ruso y vocabulario temático de 3000 palabras

por Andrey Taranov

La colección de guías de conversación para viajar "Todo irá bien" publicada por T&P Books está diseñada para personas que viajan al extranjero para turismo y negocios. Las guías contienen lo más importante - los elementos esenciales para una comunicación básica. Éste es un conjunto de frases imprescindibles para "sobrevivir" mientras está en el extranjero.

Este libro también incluye un pequeño vocabulario temático que contiene alrededor de 3.000 de las palabras más frecuentemente usadas. Otra sección de la guía proporciona un glosario gastronómico que le puede ayudar a pedir los alimentos en un restaurante o a comprar comestibles en la tienda.

T&P Books Publishing
www.tpbooks.com

ISBN: 978-1-78492-652-6

Este libro está disponible en formato electrónico o de E-Book también.
Visite www.tpbooks.com o las librerías electrónicas más destacadas en la Red.

PRONUNCIACIÓN

T&P alfabeto fonético	Ejemplo ruso	Ejemplo español

Las consonantes

[b]	абрикос [abrikós]	en barco
[d]	квадрат [kvadrát]	desierto
[f]	реформа [refórma]	golf
[g]	глина [glína]	jugada
[ʒ]	массажист [masaʒíst]	adyacente
[j]	пресный [présnij]	asiento
[h], [x]	мех, Пасха [méh], [pásxa]	registro
[k]	кратер [krátɛr]	charco
[l]	лиловый [lilóvij]	lira
[m]	молоко [mɔlɔkó]	nombre
[n]	нут, пони [nút], [póni]	número
[p]	пират [pirát]	precio
[r]	ручей [rutʃéj]	era, alfombra
[s]	суслик [súslik]	salva
[t]	тоннель [tɔnélʲ]	torre
[ʃ]	лишайник [liʃájnik]	shopping
[tʃ]	врач, речь [vrátʃ], [rétʃʲ]	mapache
[ts]	кузнец [kuznéts]	tsunami
[ʃ]	мощность [móʃnostʲ]	China
[v]	молитва [mɔlítva]	travieso
[z]	дизайнер [dizájner]	desde

Símbolos adicionales

[ʲ]	дикарь [dikárʲ]	signo de palatalización
[·]	автопилот [aftɔ·pilót]	punto medio
[ˈ]	заплата [zapláta]	acento primario

T&P alfabeto fonético	Ejemplo ruso	Ejemplo español

Vocales estresadas

[á]	платье [plátje]	radio
[é]	лебедь [lébetʲ]	verano
[ǿ]	шахтёр [ʃahtǿr]	yogur
[í]	организм [ɔrganízm]	ilegal
[ó]	роспись [róspisʲ]	bordado
[ú]	инсульт [insúlʲt]	mundo
[ɨ]	добыча [dɔbɨ̃ʧa]	abismo
[æ]	полиэстер [poliǽstɛr]	vencer
[ˈú], [jú]	салют, юг [salʲút], [júg]	lluvia
[ˈá], [já]	связь, я [svʲásʲ], [já]	ensayar

Vocales desestresadas

[a]	гравюра [gravʲúra]	vocal neutra, similar a la schwa [ə]
[e]	кенгуру [kengurú]	vocal neutra, similar a la schwa [ə]
[ə]	пожалуйста [pɔʒáləsta]	llave
[i]	рисунок [risúnɔk]	ilegal
[ɔ]	железо [ʒelézɔ]	vocal neutra, similar a la schwa [ə]
[u]	вирус [vírus]	mundo
[ɨ]	первый [pérvij]	abismo
[ɛ]	аэропорт [aɛrɔpórt]	mes
[ˈu], [ju]	брюнет [brʲunét]	lluvia
[ı], [jı]	заяц, язык [záıts], [jızɨ̃k]	vocal neutra, similar a la schwa [ə]
[ˈa], [ja]	няня, копия [nʲánʲa], [kópija]	ensayar

LISTA DE ABREVIATURAS

Abreviatura en español

adj	-	adjetivo
adv	-	adverbio
anim.	-	animado
conj	-	conjunción
etc.	-	etcétera
f	-	sustantivo femenino
f pl	-	femenino plural
fam.	-	uso familiar
fem.	-	femenino
form.	-	uso formal
inanim.	-	inanimado
innum.	-	innumerable
m	-	sustantivo masculino
m pl	-	masculino plural
m, f	-	masculino, femenino
masc.	-	masculino
mat	-	matemáticas
mil.	-	militar
num.	-	numerable
p.ej.	-	por ejemplo
pl	-	plural
pron	-	pronombre
sg	-	singular
v aux	-	verbo auxiliar
vi	-	verbo intransitivo
vi, vt	-	verbo intransitivo, verbo transitivo
vr	-	verbo reflexivo
vt	-	verbo transitivo

Abreviatura en ruso

возв	-	verbo reflexivo
ж	-	sustantivo femenino
ж мн	-	femenino plural
м	-	sustantivo masculino
м мн	-	masculino plural

м, ж	-	masculino, femenino
мн	-	plural
н/пх	-	verbo intransitivo, verbo transitivo
н/св	-	aspecto perfectivo/imperfectivo
нпх	-	verbo intransitivo
нсв	-	aspecto imperfectivo
пх	-	verbo transitivo
с	-	neutro
с мн	-	género neutro plural
св	-	aspecto perfectivo

T&P BOOKS

GUÍA DE CONVERSACIÓN RUSO

Esta sección contiene frases
importantes que pueden
resultar útiles en varias
situaciones de la vida real.
La Guía le ayudará a pedir
direcciones, aclaración
sobre precio, comprar billetes,
y pedir alimentos en un
restaurante

T&P Books Publishing

CONTENIDO DE LA GUÍA DE CONVERSACIÓN

T&P Books Publishing

Lo más imprescindible

Perdone, …	**Извините, …** [izviníte, …]
Hola.	**Здравствуйте.** [zdrástvujte.]
Gracias.	**Спасибо.** [spasíbɔ.]

Sí.	**Да.** [dá.]
No.	**Нет.** [nét.]
No lo sé.	**Я не знаю.** [já ne znáju.]
¿Dónde? | ¿A dónde? | ¿Cuándo?	**Где? | Куда? | Когда?** [gdé? | kudá? | kɔgdá?]

Necesito …	**Мне нужен …** [mné núʒen …]
Quiero …	**Я хочу …** [já hɔʧú …]
¿Tiene …?	**У вас есть …?** [u vás jéstʲ …?]
¿Hay … por aquí?	**Здесь есть …?** [zdésʲ éstʲ …?]
¿Puedo …?	**Я могу …?** [já mɔgú …?]
…, por favor? (petición educada)	**пожалуйста** [pɔʒálǝsta]

Busco …	**Я ищу …** [já iʃʲú …]
el servicio	**туалет** [tualét]
un cajero automático	**банкомат** [bankɔmát]
una farmacia	**аптеку** [aptéku]
el hospital	**больницу** [bɔlʲníʦu]

la comisaría	**полицейский участок** [poliʦæjskij uʧástɔk]
el metro	**метро** [metró]

un taxi	такси [taksí]
la estación de tren	вокзал [vɔkzál]

Me llamo …	Меня зовут … [menʲá zɔvút …]
¿Cómo se llama?	Как вас зовут? [kák vás zɔvút?]
¿Puede ayudarme, por favor?	Помогите мне, пожалуйста. [pɔmɔgíte mné, pɔʒáləsta.]
Tengo un problema.	У меня проблема. [u menʲá prɔbléma.]
Me encuentro mal.	Мне плохо. [mné plóhɔ.]
¡Llame a una ambulancia!	Вызовите скорую! [vɨzovite skóruju!]
¿Puedo llamar, por favor?	Могу я позвонить? [mɔgú já pɔzvɔnítʲ?]

Lo siento.	Извините. [izviníte.]
De nada.	Пожалуйста. [pɔʒáləsta.]

Yo	я [já]
tú	ты [tɨ]
él	он [ón]
ella	она [ɔná]
ellos	они [ɔní]
ellas	они [ɔní]
nosotros /nosotras/	мы [mɨ]
ustedes, vosotros	вы [vɨ]
usted	Вы [vɨ]

ENTRADA	ВХОД [fhód]
SALIDA	ВЫХОД [vɨhɔd]
FUERA DE SERVICIO	НЕ РАБОТАЕТ [ne rabótaet]
CERRADO	ЗАКРЫТО [zakrɨtɔ]

13

ABIERTO

ОТКРЫТО
[ɔtkrĩtɔ]

PARA SEÑORAS

ДЛЯ ЖЕНЩИН
[dlʲa ʒǽnʃin]

PARA CABALLEROS

ДЛЯ МУЖЧИН
[dlʲa muʃín]

Preguntas

¿Dónde?	**Где?** [gdé?]
¿A dónde?	**Куда?** [kudá?]
¿De dónde?	**Откуда?** [ɔtkúda?]
¿Por qué?	**Почему?** [pɔʧemú?]
¿Con que razón?	**Зачем?** [zaʧém?]
¿Cuándo?	**Когда?** [kɔgdá?]

¿Cuánto tiempo?	**Как долго?** [kák dólgɔ?]
¿A qué hora?	**Во сколько?** [vɔ skólʲkɔ?]
¿Cuánto?	**Сколько стоит?** [skólʲkɔ stóit?]
¿Tiene ...?	**У вас есть ...?** [u vás jéstʲ ...?]
¿Dónde está ...?	**Где находится ...?** [gdé nahóditsa ...?]

¿Qué hora es?	**Который час?** [kɔtórij ʧás?]
¿Puedo llamar, por favor?	**Могу я позвонить?** [mɔgú já pɔzvɔnítʲ?]
¿Quién es?	**Кто там?** [któ tám?]
¿Se puede fumar aquí?	**Могу я здесь курить?** [mɔgú já zdésʲ kurítʲ?]
¿Puedo ...?	**Я могу ...?** [já mɔgú ...?]

Necesidades

Quisiera ...	**Я бы хотел /хотела/ ...** [já bɨ hɔtél /hɔtéla/ ...]
No quiero ...	**Я не хочу ...** [já ne hɔʧú ...]
Tengo sed.	**Я хочу пить.** [já hɔʧú pítⁱ.]
Tengo sueño.	**Я хочу спать.** [já hɔʧú spátⁱ.]

Quiero ...	**Я хочу ...** [já hɔʧú ...]
lavarme	**умыться** [umíʦa]
cepillarme los dientes	**почистить зубы** [pɔʧístitⁱ zúbɨ]
descansar un momento	**немного отдохнуть** [nemnógɔ ɔtdɔhnútⁱ]
cambiarme de ropa	**переодеться** [pereɔdéʦa]

volver al hotel	**вернуться в гостиницу** [vernúʦa v gɔstínitsu]
comprar ...	**купить ...** [kupítⁱ ...]
ir a ...	**съездить в ...** [sjézditⁱ f ...]
visitar ...	**посетить ...** [pɔsetítⁱ ...]
quedar con ...	**встретиться с ...** [fstrétiʦa s ...]
hacer una llamada	**позвонить** [pɔzvɔnítⁱ]

Estoy cansado /cansada/.	**Я устал /устала/.** [já ustál /ustála/.]
Estamos cansados /cansadas/.	**Мы устали.** [mɨ ustáli.]
Tengo frío.	**Мне холодно.** [mné hólɔdnɔ.]
Tengo calor.	**Мне жарко.** [mné ʒárkɔ.]
Estoy bien.	**Мне нормально.** [mné nɔrmálⁱnɔ.]

Tengo que hacer una llamada.

Мне надо позвонить.
[mné nádo pozvonítʲ.]

Necesito ir al servicio.

Мне надо в туалет.
[mné nádo f tualét.]

Me tengo que ir.

Мне пора.
[mné porá.]

Me tengo que ir ahora.

Мне надо идти.
[mné nádo itʲtí.]

Preguntar por direcciones

Perdone, …	**Извините, …** [izviníte, …]
¿Dónde está …?	**Где находится …?** [gdé nahóditsa …?]
¿Por dónde está …?	**В каком направлении находится …?** [f kakóm napravlénii nahóditsa …?]
¿Puede ayudarme, por favor?	**Помогите мне, пожалуйста.** [pɔmɔgíte mné, pɔʒáləsta.]

Busco …	**Я ищу …** [já iʃʲú …]
Busco la salida.	**Я ищу выход.** [já iʃʲú vîhɔt.]
Voy a …	**Я еду в …** [já édu f …]
¿Voy bien por aquí para …?	**Я правильно иду …?** [já právilʲnɔ idú …?]

¿Está lejos?	**Это далеко?** [ǽtɔ dalekó?]
¿Puedo llegar a pie?	**Я дойду туда пешком?** [já dɔjdú tudá peʃkóm]
¿Puede mostrarme en el mapa?	**Покажите мне на карте, пожалуйста.** [pɔkaʒîte mne na kárte, pɔʒáləsta.]
Por favor muestreme dónde estamos.	**Покажите, где мы сейчас.** [pɔkaʒîte, gdé mi sejtʃás.]

Aquí	**Здесь** [zdésʲ]
Allí	**Там** [tám]
Por aquí	**Сюда** [sʲudá]

Gire a la derecha.	**Поверните направо.** [pɔverníte naprávɔ.]
Gire a la izquierda.	**Поверните налево.** [pɔverníte nalévɔ.]
la primera (segunda, tercera) calle	**первый (второй, третий) поворот** [pérvij (vtɔrój, trétij) pɔvɔrót]
a la derecha	**направо** [naprávɔ]

a la izquierda

Siga recto.

налево
[nalévɔ]

Идите прямо.
[idíte prʲámɔ.]

Carteles

¡BIENVENIDO!	**ДОБРО ПОЖАЛОВАТЬ!** [dɔbró pɔʒálɔvatʲ!]
ENTRADA	**ВХОД** [fhód]
SALIDA	**ВЫХОД** [vīhɔd]
EMPUJAR	**ОТ СЕБЯ** [ɔt sebʲá]
TIRAR	**НА СЕБЯ** [na sebʲá]
ABIERTO	**ОТКРЫТО** [ɔtkrītɔ]
CERRADO	**ЗАКРЫТО** [zakrītɔ]
PARA SEÑORAS	**ДЛЯ ЖЕНЩИН** [dlʲa ʒǽnʃin]
PARA CABALLEROS	**ДЛЯ МУЖЧИН** [dlʲa muʃín]
CABALLEROS	**МУЖСКОЙ ТУАЛЕТ** [muʃskój tualét]
SEÑORAS	**ЖЕНСКИЙ ТУАЛЕТ** [ʒǽnskij tualét]
REBAJAS	**СКИДКИ** [skítki]
VENTA	**РАСПРОДАЖА** [rasprɔdáʒa]
GRATIS	**БЕСПЛАТНО** [besplátnɔ]
¡NUEVO!	**НОВИНКА!** [nɔvínka!]
ATENCIÓN	**ВНИМАНИЕ!** [vnimánie!]
COMPLETO	**МЕСТ НЕТ** [mést nét]
RESERVADO	**ЗАРЕЗЕРВИРОВАНО** [zarezervírɔvanɔ]
ADMINISTRACIÓN	**АДМИНИСТРАЦИЯ** [administrátsija]
SÓLO PERSONAL AUTORIZADO	**ТОЛЬКО ДЛЯ ПЕРСОНАЛА** [tólʲkɔ dlʲa persɔnála]

CUIDADO CON EL PERRO	**ЗЛАЯ СОБАКА** [zlája sobáka]
NO FUMAR	**НЕ КУРИТЬ!** [ne kurítʲ!]
NO TOCAR	**РУКАМИ НЕ ТРОГАТЬ!** [rukámi ne trógatʲ!]
PELIGROSO	**ОПАСНО** [opásno]
PELIGRO	**ОПАСНОСТЬ** [opásnostʲ]
ALTA TENSIÓN	**ВЫСОКОЕ НАПРЯЖЕНИЕ** [visókoe naprɪʒǽnie]
PROHIBIDO BAÑARSE	**КУПАТЬСЯ ЗАПРЕЩЕНО** [kupátsa zapreʃenó]
FUERA DE SERVICIO	**НЕ РАБОТАЕТ** [ne rabótaet]
INFLAMABLE	**ОГНЕОПАСНО** [ogneopásno]
PROHIBIDO	**ЗАПРЕЩЕНО** [zapreʃenó]
PROHIBIDO EL PASO	**ПРОХОД ЗАПРЕЩЁН** [prohót zapreʃǿn]
RECIÉN PINTADO	**ОКРАШЕНО** [okráʃeno]
CERRADO POR RENOVACIÓN	**ЗАКРЫТО НА РЕМОНТ** [zakrȋto na remónt]
EN OBRAS	**РЕМОНТНЫЕ РАБОТЫ** [remóntnie rabóti]
DESVÍO	**ОБЪЕЗД** [objézd]

Transporte. Frases generales

el avión	самолёт [camɔlǿt]
el tren	поезд [póezd]
el bus	автобус [aftóbus]
el ferry	паром [paróm]
el taxi	такси [taksí]
el coche	машина [maʃína]

el horario	расписание [raspisánie]
¿Dónde puedo ver el horario?	Где можно посмотреть расписание? [gdé móʒnɔ pɔsmɔtrétʲ raspisánie?]
días laborables	рабочие дни [rabóʧie dní]
fines de semana	выходные дни [vihɔdnʲie dní]
días festivos	праздничные дни [práznitʃnie dní]

SALIDA	ОТПРАВЛЕНИЕ [ɔtpravlénie]
LLEGADA	ПРИБЫТИЕ [pribῑtie]
RETRASADO	ЗАДЕРЖИВАЕТСЯ [zadérʒivaetsa]
CANCELADO	ОТМЕНЁН [ɔtmenǿn]

siguiente (tren, etc.)	следующий [sléduʃij]
primero	первый [pérvij]
último	последний [pɔslédnij]

¿Cuándo pasa el siguiente …?	Когда будет следующий …? [kɔgdá búdet sléduʃij …?]
¿Cuándo pasa el primer …?	Когда отходит первый …? [kɔgdá ɔtxódit pérvij …?]

¿Cuándo pasa el último ...?

Когда уходит последний ...?
[kɔgdá uhódit pɔslédnij ...?]

el trasbordo (cambio de trenes, etc.)

пересадка
[peresátka]

hacer un trasbordo

сделать пересадку
[zdélatʲ peresátku]

¿Tengo que hacer un trasbordo?

Мне нужно делать пересадку?
[mné núʒnɔ délatʲ peresátku?]

Comprar billetes

¿Dónde puedo comprar un billete?	**Где можно купить билеты?** [gdé mózna kupítʲ biléti?]
el billete	**билет** [bilét]
comprar un billete	**купить билет** [kupítʲ bilét]
precio del billete	**стоимость билета** [stóimostʲ biléta]

¿Para dónde?	**Куда?** [kudá?]
¿A qué estación?	**До какой станции?** [do kakój stántsii?]
Necesito ...	**Мне нужно ...** [mné núʒno ...]
un billete	**один билет** [odín bilét]
dos billetes	**два билета** [dvá biléta]
tres billetes	**три билета** [trí biléta]

sólo ida	**в один конец** [v odín konéts]
ida y vuelta	**туда и обратно** [tudá i obrátno]
en primera (primera clase)	**первый класс** [pérvij klás]
en segunda (segunda clase)	**второй класс** [ftorój klás]

hoy	**сегодня** [sevódnʲa]
mañana	**завтра** [záftra]
pasado mañana	**послезавтра** [poslezáftra]
por la mañana	**утром** [útrom]
por la tarde	**днём** [dnʲóm]
por la noche	**вечером** [vétʃerom]

asiento de pasillo

место у прохода
[mésto u prohóda]

asiento de ventanilla

место у окна
[mésto u okná]

¿Cuánto cuesta?

Сколько?
[skólʲko?]

¿Puedo pagar con tarjeta?

Могу я заплатить карточкой?
[mogú já zaplatítʲ kártotʃkoj?]

Autobús

el autobús	автобус [aftóbus]
el autobús interurbano	междугородний автобус [meʒdugoródnij aftóbus]
la parada de autobús	автобусная остановка [aftóbusnaja ostanófka]
¿Dónde está la parada de autobuses más cercana?	Где ближайшая автобусная остановка? [gdé bliʒájʃaja aftóbusnaja ostanófka?]

número	номер [nómer]
¿Qué autobús tengo que tomar para ...?	Какой автобус идёт до ...? [kakój aftóbus idót do ...?]
¿Este autobús va a ...?	Этот автобус идёт до ...? [ǽtot aftóbus idót do ...?]
¿Cada cuanto pasa el autobús?	Как часто ходят автобусы? [kák tʃásto hódⁱat aftóbusⁱ?]

cada 15 minutos	каждые 15 минут [káʒdie pitnátsatⁱ minút]
cada media hora	каждые полчаса [káʒdie poltʃasá]
cada hora	каждый час [káʒdij tʃás]
varias veces al día	несколько раз в день [néskolⁱko rás v dénⁱ]
... veces al día	... раз в день [... ras v dénⁱ]

el horario	расписание [raspisánie]
¿Dónde puedo ver el horario?	Где можно посмотреть расписание? [gdé móʒno posmotrétⁱ raspisánie?]
¿Cuándo pasa el siguiente autobús?	Когда будет следующий автобус? [kogdá búdet sléduʃij aftóbus?]
¿Cuándo pasa el primer autobús?	Когда отходит первый автобус? [kogdá otxódit pérvⁱij aftóbus?]
¿Cuándo pasa el último autobús?	Когда уходит последний автобус? [kogdá uhódit poslédnij aftóbus?]
la parada	остановка [ostanófka]

la siguiente parada

следующая остановка
[sléduʃaja ɔstanófka]

la última parada

конечная остановка
[kɔnétʃnaja ɔstanófka]

Pare aquí, por favor.

Остановите здесь, пожалуйста.
[ɔstanɔvíte zdésʲ, pɔʒáləsta.]

Perdone, esta es mi parada.

Разрешите, это моя остановка.
[razreʃíte, æ̂tɔ mɔjá ɔstanófka.]

Tren

el tren	**поезд** [póezd]
el tren de cercanías	**пригородный поезд** [prígɔrɔdnij póezd]
el tren de larga distancia	**поезд дальнего следования** [póezd dálʲnevɔ slédɔvanija]
la estación de tren	**вокзал** [vɔkzál]
Perdone, ¿dónde está la salida al anden?	**Извините, где выход к поездам?** [izviníte, gdé vȋhɔt k pɔezdám?]

¿Este tren va a ...?	**Этот поезд идёт до ...?** [ǽtɔt póezd idɵt dɔ ...?]
el siguiente tren	**следующий поезд** [sléduʃij póezd]
¿Cuándo pasa el siguiente tren?	**Когда будет следующий поезд?** [kɔgdá búdet sléduʃij póezd?]
¿Dónde puedo ver el horario?	**Где можно посмотреть расписание?** [gdé móznɔ pɔsmɔtrétʲ raspisánie?]
¿De qué andén?	**С какой платформы?** [s kakój platfórmi?]
¿Cuándo llega el tren a ...?	**Когда поезд прибывает в ...?** [kɔgdá póezd pribiváet f ...?]

Ayudeme, por favor.	**Помогите мне, пожалуйста.** [pɔmɔgíte mné, pɔʒálǝsta.]
Busco mi asiento.	**Я ищу своё место.** [já iʃú svɔjó méstɔ.]
Buscamos nuestros asientos.	**Мы ищем наши места.** [mȋ íʃem náʃi mestá.]
Mi asiento está ocupado.	**Моё место занято.** [mɔjó méstɔ zánɪtɔ.]
Nuestros asientos están ocupados.	**Наши места заняты.** [náʃi mestá zánɪti.]

Perdone, pero ese es mi asiento.	**Извините, пожалуйста, но это моё место.** [izviníte, pɔʒálǝsta, nó ǽtɔ mɔjó méstɔ.]
¿Está libre?	**Это место свободно?** [ǽtɔ méstɔ svɔbódnɔ?]
¿Puedo sentarme aquí?	**Могу я здесь сесть?** [mɔgú já zdésʲ séstʲ?]

En el tren. Diálogo (Sin billete)

Su billete, por favor.
Ваш билет, пожалуйста.
[váʃ bilét, pɔʒáləsta.]

No tengo billete.
У меня нет билета.
[u menʲá nét biléta.]

He perdido mi billete.
Я потерял /потеряла/ свой билет.
[já poterʲál /poterʲála/ svój bilét.]

He olvidado mi billete en casa.
Я забыл /забыла/ билет дома.
[já zabĩl /zabĩla/ bilét dóma.]

Le puedo vender un billete.
Вы можете купить билет у меня.
[vĩ móʒete kupítʲ bilét u menʲá.]

También deberá pagar una multa.
Вам ещё придётся заплатить штраф.
[vam eʃǿ pridǿtsʲa zaplatítʲ ʃtráf.]

Vale.
Хорошо.
[hɔrɔʃó.]

¿A dónde va usted?
Куда вы едете?
[kudá vĩ edete?]

Voy a ...
Я еду до ...
[já édu dɔ ...]

¿Cuánto es? No lo entiendo.
Сколько? Я не понимаю.
[skólʲkɔ? já ne pɔnimáju.]

Escríbalo, por favor.
Напишите, пожалуйста.
[napiʃĩte, pɔʒáləsta.]

Vale. ¿Puedo pagar con tarjeta?
Хорошо. Могу я заплатить карточкой?
[hɔrɔʃó. mɔgú já zaplatítʲ kártɔtʃkɔj?]

Sí, puede.
Да, можете.
[dá, móʒete.]

Aquí está su recibo.
Вот ваша квитанция.
[vót váʃa kvitántsija.]

Disculpe por la multa.
Сожалею о штрафе.
[sɔʒiléju ɔ ʃtráfe.]

No pasa nada. Fue culpa mía.
Это ничего. Это моя вина.
[ǽtɔ nitʃevó. ǽtɔ mɔjá viná.]

Disfrute su viaje.
Приятной вам поездки.
[prijátnɔj vam pɔéstki.]

Taxi

taxi	**такси** [taksí]
taxista	**таксист** [taksíst]
coger un taxi	**поймать такси** [pɔjmátʲ taksí]
parada de taxis	**стоянка такси** [stɔjánka taksí]
¿Dónde puedo coger un taxi?	**Где я могу взять такси?** [gdé já mɔgú vzʲátʲ taksí?]
llamar a un taxi	**вызвать такси** [vɨ̄zvatʲ taksí]
Necesito un taxi.	**Мне нужно такси.** [mné núʒnɔ taksí.]
Ahora mismo.	**Прямо сейчас.** [prʲámɔ sejʧás.]
¿Cuál es su dirección?	**Ваш адрес?** [váʃ ádres?]
Mi dirección es …	**Мой адрес …** [mój ádres …]
¿Cuál es el destino?	**Куда вы поедете?** [kudá vɨ̄ pɔédete?]
Perdone, …	**Извините, …** [izviníte, …]
¿Está libre?	**Вы свободны?** [vɨ̄ svɔbódnɨ?]
¿Cuánto cuesta ir a …?	**Сколько стоит доехать до …?** [skólʲkɔ stóit dɔéhatʲ dɔ …?]
¿Sabe usted dónde está?	**Вы знаете, где это?** [vɨ̄ znáete, gdé ǽtɔ?]
Al aeropuerto, por favor.	**В аэропорт, пожалуйста.** [v aɛrɔpórt, pɔʒálǝsta.]
Pare aquí, por favor.	**Остановитесь здесь, пожалуйста.** [ɔstanɔvíte zdésʲ, pɔʒálǝsta.]
No es aquí.	**Это не здесь.** [ǽtɔ ne zdésʲ.]
La dirección no es correcta.	**Это неправильный адрес.** [ǽtɔ neprávilʲnij ádres.]
Gire a la izquierda.	**Сейчас налево.** [sejʧás nalévɔ.]
Gire a la derecha.	**Сейчас направо.** [sejʧás naprávɔ.]

¿Cuánto le debo?

Сколько я вам должен /должна/?
[skólʲkɔ ja vam dólʒen /dɔlʒná/?]

¿Me da un recibo, por favor?

Дайте мне чек, пожалуйста.
[dájte mne ʧék, pɔʒáləsta.]

Quédese con el cambio.

Сдачи не надо.
[zdátʃi ne nádɔ.]

Espéreme, por favor.

Подождите меня, пожалуйста.
[pɔdɔʒdíte menʲá, pɔʒáləsta.]

cinco minutos

5 минут
[pʲátʲ minút]

diez minutos

10 минут
[désitʲ minút]

quince minutos

15 минут
[pitnátsatʲ minút]

veinte minutos

20 минут
[dvátsatʲ minút]

media hora

полчаса
[pɔlʧasá]

Hotel

Hola.	**Здравствуйте.** [zdrástvujte.]
Me llamo …	**Меня зовут …** [menʲá zɔvút …]
Tengo una reserva.	**Я резервировал /резервировала/ номер.** [já rezervírɔval /rezervírɔvala/ nómer.]

Necesito …	**Мне нужен …** [mné núʒen …]
una habitación individual	**одноместный номер** [ɔdnɔmésnij nómer]
una habitación doble	**двухместный номер** [dvuh·mésnij nómer]
¿Cuánto cuesta?	**Сколько он стоит?** [skólʲkɔ ɔn stóit?]
Es un poco caro.	**Это немного дорого.** [ǽtɔ nemnógɔ dórɔgɔ.]

¿Tiene alguna más?	**У вас есть ещё что-нибудь?** [u vás jéstʲ eʃǿ ʃtó-nibutʲ?]
Me quedo.	**Я возьму его.** [já vɔzʲmú evó.]
Pagaré en efectivo.	**Я заплачу наличными.** [já zaplaʧú nalíʧnimi.]

Tengo un problema.	**У меня проблема.** [u menʲá prɔbléma.]
Mi … no funciona.	**Мой … сломан /Моя … сломана/** [mój … slóman /mɔjá … slómana/]
Mi … está fuera de servicio.	**Мой /Моя/ … не работает.** [mój /mɔjá/ … né rabótaet.]
televisión	**телевизор** [televízɔr]
aire acondicionado	**кондиционер** [kɔnditsiɔnér]
grifo	**кран** [krán]

ducha	**душ** [dúʃ]
lavabo	**раковина** [rákɔvina]

caja fuerte	сейф
	[séjf]
cerradura	замок
	[zámɔk]
enchufe	розетка
	[rɔzétka]
secador de pelo	фен
	[fén]

No tengo …	У меня нет …
	[u menʲá nét …]
agua	воды
	[vódi]
luz	света
	[svéta]
electricidad	электричества
	[ɛlektrítʃestva]

¿Me puede dar …?	Можете мне дать …?
	[móʒete mne dátʲ …?]
una toalla	полотенце
	[pɔlɔténtse]
una sábana	одеяло
	[ɔdejálɔ]
unas chanclas	тапочки
	[tápɔtʃki]
un albornoz	халат
	[halát]
un champú	шампунь
	[ʃampúnʲ]
jabón	мыло
	[mīlɔ]

Quisiera cambiar de habitación.	Я хотел бы /хотела бы/ поменять номер.
	[já hɔtél bi /hɔtéla bi/ pɔmenʲátʲ nómer.]
No puedo encontrar mi llave.	Я не могу найти свой ключ.
	[já ne mɔgú najtí svój klʲútʃ.]
Por favor abra mi habitación.	Откройте мой номер, пожалуйста.
	[ɔtkrójte mój nómer, pɔʒáləsta.]

¿Quién es?	Кто там?
	[któ tám?]
¡Entre!	Войдите!
	[vɔjdíte!]
¡Un momento!	Одну минуту!
	[ɔdnú minútu!]
Ahora no, por favor.	Пожалуйста, не сейчас.
	[pɔʒáləsta, ne sejtʃás.]
Venga a mi habitación, por favor.	Зайдите ко мне, пожалуйста.
	[zajdíte kɔ mné, pɔʒáləsta.]

Quisiera hacer un pedido.	**Я хочу сделать заказ еды в номер.** [já hoʧú zdélatʲ zakás edi̅ v nómer.]
Mi número de habitación es …	**Мой номер комнаты …** [mój nómer kómnati …]

Me voy …	**Я уезжаю …** [já ueʒʒáju …]
Nos vamos …	**Мы уезжаем …** [mi̅ ueʒʒáem …]
Ahora mismo	**сейчас** [sejʧás]
esta tarde	**сегодня после обеда** [sevódnʲa pósle ɔbéda]
esta noche	**сегодня вечером** [sevódnʲa véʧerɔm]
mañana	**завтра** [záftra]
mañana por la mañana	**завтра утром** [záftra útrɔm]
mañana por la noche	**завтра вечером** [záftra veʧerɔm]
pasado mañana	**послезавтра** [pɔslezáftra]

Quisiera pagar la cuenta.	**Я хотел бы /хотела бы/ рассчитаться.** [já hɔtél bi̵ /hɔtéla bi̵/ rasʃitátsa.]
Todo ha estado estupendo.	**Всё было отлично.** [fsǿ bi̵lɔ ɔtlíʧnɔ.]
¿Dónde puedo coger un taxi?	**Где я могу взять такси?** [gdé já mɔgú vzʲátʲ taksí?]
¿Puede llamarme un taxi, por favor?	**Вызовите мне такси, пожалуйста.** [vi̵zɔvite mne taksí, pɔʒáləsta.]

Restaurante

¿Puedo ver el menú, por favor?	**Могу я посмотреть ваше меню?** [mɔgú já pɔsmɔtrétʲ váʃe menʲú?]
Mesa para uno.	**Столик для одного.** [stólik dlʲa ɔdnɔvó.]
Somos dos (tres, cuatro).	**Нас двое (трое, четверо).** [nás dvóe (tróe, tʃétverɔ).]

Para fumadores	**Для курящих** [dlʲa kurʲáʃʲih]
Para no fumadores	**Для некурящих** [dlʲa nekurʲáʃʲih]
¡Por favor! (llamar al camarero)	**Будьте добры!** [bútʲte dɔbrī!]
la carta	**меню** [menʲú]
la carta de vinos	**карта вин** [kárta vín]
La carta, por favor.	**Меню, пожалуйста.** [menʲú, pɔʒáləsta.]

¿Está listo para pedir?	**Вы готовы сделать заказ?** [vī gɔtóvɨ zdélatʲ zakás?]
¿Qué quieren pedir?	**Что вы будете заказывать?** [ʃtó vī búdete zakázivatʲ?]
Yo quiero …	**Я буду …** [já búdu …]

Soy vegetariano.	**Я вегетарианец /вегетарианка/.** [já vegetariánets /vegetariánka/.]
carne	**мясо** [mʲásɔ]
pescado	**рыба** [rība]
verduras	**овощи** [óvɔʃʲi]
¿Tiene platos para vegetarianos?	**У вас есть вегетарианские блюда?** [u vás jéstʲ vegetariánskie blʲúda?]
No como cerdo.	**Я не ем свинину.** [já ne ém svinínu.]
Él /Ella/ no come carne.	**Он /она/ не ест мясо.** [ón /ɔná/ ne ést mʲásɔ.]
Soy alérgico a …	**У меня аллергия на …** [u menʲá alergíja na …]

¿Me puede traer ..., por favor?

Принесите мне, пожалуйста ...
[prinesíte mné, pɔʒáləsta ...]

sal | pimienta | azúcar

соль | перец | сахар
[sólʲ | péreʦ | sáhar]

café | té | postre

кофе | чай | десерт
[kófe | ʧáj | desért]

agua | con gas | sin gas

вода | с газом | без газа
[vóda | s gázɔm | bez gáza]

una cuchara | un tenedor | un cuchillo

ложка | вилка | нож
[lóʃka | vílka | nóʃ]

un plato | una servilleta

тарелка | салфетка
[tarélka | salfétka]

¡Buen provecho!

Приятного аппетита!
[prijátnɔvɔ apetíta!]

Uno más, por favor.

Принесите ещё, пожалуйста.
[prinesíte eʃʲǿ, pɔʒáləsta.]

Estaba delicioso.

Было очень вкусно.
[bílɔ óʧenʲ fkúsnɔ.]

---

la cuenta | el cambio | la propina

счёт | сдача | чаевые
[ʃʲǿt | zdáʧa | ʧaevíje]

La cuenta, por favor.

Счёт, пожалуйста.
[ʃʲǿt, pɔʒáləsta.]

¿Puedo pagar con tarjeta?

Могу я заплатить карточкой?
[mɔgú já zaplatítʲ kártɔʧkɔj?]

Perdone, aquí hay un error.

Извините, здесь ошибка.
[izviníte, zdésʲ ɔʃípka.]

De Compras

¿Puedo ayudarle?	**Могу я вам помочь?** [mɔgú já vam pɔmótʃ?]
¿Tiene …?	**У вас есть …?** [u vás jéstʲ …?]
Busco …	**Я ищу …** [já iʃʲú …]
Necesito …	**Мне нужен …** [mné núʒen …]

Sólo estoy mirando.	**Я просто смотрю.** [já próstɔ smɔtrʲú.]
Sólo estamos mirando.	**Мы просто смотрим.** [mɨ próstɔ smótrim.]
Volveré más tarde.	**Я зайду позже.** [já zajdú póʒʒe.]
Volveremos más tarde.	**Мы зайдём позже.** [mɨ zajdʲóm póʒʒe.]
descuentos | oferta	**скидки | распродажа** [skítki | rasprɔdáʒa]

Por favor, enséñeme …	**Покажите мне, пожалуйста …** [pɔkaʒīte mné, pɔʒáləsta …]
¿Me puede dar …, por favor?	**Дайте мне, пожалуйста …** [dájte mne, pɔʒáləsta …]
¿Puedo probarmelo?	**Могу я это примерить?** [mɔgú já áetɔ primérit?]
Perdone, ¿dónde están los probadores?	**Извините, где примерочная?** [izviníte, gdé primérɔtʃnaja?]
¿Qué color le gustaría?	**Какой цвет вы хотите?** [kakój tsvét vī hotíte?]
la talla | el largo	**размер | рост** [razmér | róst]
¿Cómo le queda? (¿Está bien?)	**Подошло?** [pɔdɔʃló?]

¿Cuánto cuesta esto?	**Сколько это стоит?** [skólʲkɔ áetɔ stóit?]
Es muy caro.	**Это слишком дорого.** [áetɔ slíʃkɔm dórɔgɔ.]
Me lo llevo.	**Я возьму это.** [já vozʲmú áetɔ.]
Perdone, ¿dónde está la caja?	**Извините, где касса?** [izviníte, gdé kássa?]

¿Pagará en efectivo o con tarjeta?

Как вы будете платить?
[kák vī búdete platítʲ?]

en efectivo | con tarjeta

наличными | карточкой
[nalítʃnimi | kártotʃkɔj]

¿Quiere el recibo?

Вам нужен чек?
[vam núʒen tʃék?]

Sí, por favor.

Да, будьте добры.
[dá, bútʲte dɔbrī.]

No, gracias.

Нет, не надо. Спасибо.
[nét, ne nádɔ. spasíbɔ.]

Gracias. ¡Que tenga un buen día!

Спасибо. Всего хорошего!
[spasíbɔ. fsevó hɔróʃevɔ!]

En la ciudad

Perdone, por favor.	**Извините, пожалуйста …** [izviníte, pɔʒáləsta …]
Busco …	**Я ищу …** [já iʃú …]
el metro	**метро** [metró]
mi hotel	**свою гостиницу** [svɔjú gɔstínitsu]

el cine	**кинотеатр** [kinɔteátr]
una parada de taxis	**стоянку такси** [stɔjánku taksí]
un cajero automático	**банкомат** [bankɔmát]
una oficina de cambio	**обмен валют** [ɔbmén valʲút]

un cibercafé	**интернет-кафе** [intɛrnǽt-kafǽ]
la calle …	**улицу …** [úlitsu …]
este lugar	**вот это место** [vót ǽtɔ méstɔ]

¿Sabe usted dónde está …?	**Вы не знаете, где находится …?** [vī ne znáete, gdé nahóditsa …?]
¿Cómo se llama esta calle?	**Как называется эта улица?** [kák nazɪváetsa ǽta úlitsa?]
Muestreme dónde estamos ahora.	**Покажите, где мы сейчас.** [pɔkaʒíte, gdé mɪ sejtʃás.]
¿Puedo llegar a pie?	**Я дойду туда пешком?** [já dɔjdú tudá peʃkóm]
¿Tiene un mapa de la ciudad?	**У вас есть карта города?** [u vás jéstʲ kárta górɔda?]

¿Cuánto cuesta la entrada?	**Сколько стоит билет?** [skólʲkɔ stóit bilét?]
¿Se pueden hacer fotos aquí?	**Здесь можно фотографировать?** [zdésʲ móʒnɔ fɔtɔgrafírɔvatʲ?]
¿Está abierto?	**Вы открыты?** [vī ɔtkrītʲ?]

¿A qué hora abren?

Во сколько вы открываетесь?
[vɔ skólʲkɔ vī ɔtkriváetesʲ?]

¿A qué hora cierran?

До которого часа вы работаете?
[dɔ kɔtórɔvɔ ʧása vī rabótaete?]

Dinero

dinero	деньги [dénⁱgi]
efectivo	наличные деньги [nalítʃnie dénⁱgi]
billetes	бумажные деньги [bumáʒnie dénⁱgi]
monedas	мелочь [mélɔtʃⁱ]
la cuenta | el cambio | la propina	счёт | сдача | чаевые [ʃǿt | zdátʃa | tʃaevíje]
la tarjeta de crédito	кредитная карточка [kredítnaja kártɔtʃka]
la cartera	бумажник [bumáʒnik]
comprar	покупать [pɔkupátⁱ]
pagar	платить [platítⁱ]
la multa	штраф [ʃtráf]
gratis	бесплатно [besplátnɔ]
¿Dónde puedo comprar ...?	Где я могу купить ...? [gdé já mɔgú kupítⁱ ...?]
¿Está el banco abierto ahora?	Банк сейчас открыт? [bánk sejtʃás ɔtkrīt?]
¿A qué hora abre?	Во сколько он открывается? [vɔ skólⁱkɔ ón ɔtkriváetsa?]
¿A qué hora cierra?	До которого часа он работает? [dɔ kɔtórɔvɔ tʃása ón rabótaet?]
¿Cuánto cuesta?	Сколько? [skólⁱkɔ?]
¿Cuánto cuesta esto?	Сколько это стоит? [skólⁱkɔ ǽtɔ stóit?]
Es muy caro.	Это слишком дорого. [ǽtɔ slíʃkɔm dórɔgɔ.]
Perdone, ¿dónde está la caja?	Извините, где касса? [izviníte, gdé kássa?]
La cuenta, por favor.	Счёт, пожалуйста. [ʃǿt, pɔʒáləsta.]

¿Puedo pagar con tarjeta?

Могу я заплатить карточкой?
[mɔgú já zaplatítʲ kártɔʧkɔj?]

¿Hay un cajero por aquí?

Здесь есть банкомат?
[zdésʲ éstʲ bankɔmát?]

Busco un cajero automático.

Мне нужен банкомат.
[mne núʒen bankɔmát.]

Busco una oficina de cambio.

Я ищу обмен валют.
[já iʃʲú ɔbmén valʲút.]

Quisiera cambiar ...

Я бы хотел /хотела/ поменять ...
[já bɨ hɔtél /hɔtéla/ pɔmenʲátʲ ...]

¿Cuál es el tipo de cambio?

Какой курс обмена?
[kakój kúrs ɔbména?]

¿Necesita mi pasaporte?

Вам нужен мой паспорт?
[vam núʒen mój páspɔrt?]

Tiempo

¿Qué hora es?	**Который час?** [kɔtórij ʧás?]
¿Cuándo?	**Когда?** [kɔgdá?]
¿A qué hora?	**Во сколько?** [vɔ skólʲkɔ?]
ahora | luego | después de …	**сейчас | позже | после …** [sejʧás | póӡӡe | pósle …]

la una	**Час дня** [ʧás dnʲá]
la una y cuarto	**Час пятнадцать** [ʧás pitnátsatʲ]
la una y medio	**Час тридцать** [ʧás trítsatʲ]
las dos menos cuarto	**Без пятнадцати два** [bes pitnátsati dvá]

una | dos | tres	**один | два | три** [ɔdín | dvá | trí]
cuatro | cinco | seis	**четыре | пять | шесть** [ʧetíre | pʲátʲ | ʃæstʲ]
siete | ocho | nueve	**семь | восемь | девять** [sémʲ | vósemʲ | dévitʲ]
diez | once | doce	**десять | одиннадцать | двенадцать** [désitʲ | ɔdínatsatʲ | dvenátsatʲ]

en …	**через …** [ʧéres …]
cinco minutos	**5 минут** [pʲátʲ minút]
diez minutos	**10 минут** [désitʲ minút]
quince minutos	**15 минут** [pitnátsatʲ minút]
veinte minutos	**20 минут** [dvátsatʲ minút]

media hora	**полчаса** [pɔlʧasá]
una hora	**один час** [ɔdín ʧás]
por la mañana	**утром** [útrɔm]

por la mañana temprano	рано утром [ránɔ útrɔm]
esta mañana	сегодня утром [sevódnʲa útrɔm]
mañana por la mañana	завтра утром [záftra útrɔm]

al mediodía	в обед [v ɔbéd]
por la tarde	после обеда [pósle ɔbéda]
por la noche	вечером [vétʃerɔm]
esta noche	сегодня вечером [sevódnʲa vétʃerɔm]

por la noche	ночью [nótʃju]
ayer	вчера [ftʃerá]
hoy	сегодня [sevódnʲa]
mañana	завтра [záftra]
pasado mañana	послезавтра [pɔslezáftra]

¿Qué día es hoy?	Какой сегодня день? [kakój sevódnʲa dénʲ?]
Es …	Сегодня … [sevódnʲa …]
lunes	понедельник [pɔnedélʲnik]
martes	вторник [ftórnik]
miércoles	среда [sredá]

jueves	четверг [tʃetvérg]
viernes	пятница [pʲátnitsa]
sábado	суббота [subóta]
domingo	воскресенье [vɔskresénje]

Saludos. Presentaciones.

Hola.
Здравствуйте.
[zdrástvujte.]

Encantado /Encantada/ de conocerle.
Рад /рада/ с вами познакомиться.
[rát /ráda/ s vámi poznakómitsa.]

Yo también.
Я тоже.
[já tóʒe.]

Le presento a …
Знакомьтесь. Это …
[znakómʲtesʲ. ǽto …]

Encantado.
Очень приятно.
[óʧenʲ prijátno.]

¿Cómo está?
Как вы? | Как у вас дела?
[kák vi̇̆? | kák u vás delá?]

Me llamo …
Меня зовут …
[menʲá zovút …]

Se llama …
Его зовут …
[evó zovút …]

Se llama …
Её зовут …
[ejó zovút …]

¿Cómo se llama (usted)?
Как вас зовут?
[kák vás zovút?]

¿Cómo se llama (él)?
Как его зовут?
[kák evó zovút?]

¿Cómo se llama (ella)?
Как ее зовут?
[kák ejó zovút?]

¿Cuál es su apellido?
Как ваша фамилия?
[kák váʃa famílija?]

Puede llamarme …
Зовите меня …
[zovíte menʲá …]

¿De dónde es usted?
Откуда вы?
[otkúda vi̇̆?]

Yo soy de ….
Я из …
[já ís …]

¿A qué se dedica?
Кем вы работаете?
[kém vi̇̆ rabótaete?]

¿Quién es?
Кто это?
[któ ǽto?]

¿Quién es él?
Кто он?
[któ ón?]

¿Quién es ella?
Кто она?
[któ oná?]

¿Quiénes son?
Кто они?
[któ oní?]

Este es ...	Это ... [ǽtɔ ...]
mi amigo	мой друг [mój drúg]
mi amiga	моя подруга [mɔjá pɔdrúga]
mi marido	мой муж [mój múʃ]
mi mujer	моя жена [mɔjá ʒená]
mi padre	мой отец [mój ɔtéts]
mi madre	моя мама [mɔjá máma]
mi hermano	мой брат [mój brát]
mi hermana	моя сестра [mɔjá sestrá]
mi hijo	мой сын [mój sīn]
mi hija	моя дочь [mɔjá dótʃ]
Este es nuestro hijo.	Это наш сын. [ǽtɔ náʃ sīn.]
Esta es nuestra hija.	Это наша дочь. [ǽtɔ náʃa dótʃ.]
Estos son mis hijos.	Это мои дети. [ǽtɔ mɔí déti.]
Estos son nuestros hijos.	Это наши дети. [ǽtɔ náʃi déti.]

Despedidas

¡Adiós!	**До свидания!** [dɔ svidánija!]
¡Chau!	**Пока!** [pɔká!]
Hasta mañana.	**До завтра.** [dɔ záftra.]
Hasta pronto.	**До встречи.** [dɔ fstrétʃi.]
Te veo a las siete.	**Встретимся в семь.** [fstrétimsʲa f sémʲ.]
¡Que se diviertan!	**Развлекайтесь!** [razvlekájtesʲ!]
Hablamos más tarde.	**Поговорим попозже.** [pɔgɔvɔrím pɔpóʒʒe.]
Que tengas un buen fin de semana.	**Удачных выходных.** [udátʃnih vihɔdnĩh.]
Buenas noches.	**Спокойной ночи.** [spɔkójnɔj nótʃi.]
Es hora de irme.	**Мне пора.** [mné pɔrá.]
Tengo que irme.	**Мне надо идти.** [mné nádɔ itʲtí.]
Ahora vuelvo.	**Я сейчас вернусь.** [já sejtʃás vernúsʲ.]
Es tarde.	**Уже поздно.** [uʒǽ póznɔ.]
Tengo que levantarme temprano.	**Мне рано вставать.** [mné ránɔ fstavátʲ.]
Me voy mañana.	**Я завтра уезжаю.** [já záftra ueʒʒáju.]
Nos vamos mañana.	**Мы завтра уезжаем.** [mĩ záftra ueʒʒáem.]
¡Que tenga un buen viaje!	**Счастливой поездки!** [ʃʲislívɔj pɔéstki!]
Ha sido un placer.	**Было приятно с вами познакомиться.** [bĩlɔ prijátnɔ s vámi pɔznakómitsa.]
Fue un placer hablar con usted.	**Было приятно с вами пообщаться.** [bĩlɔ prijátnɔ s vámi pɔɔpʃʲátsa.]

Gracias por todo.	**Спасибо за всё.** [spasíbɔ za fsǿ.]
Lo he pasado muy bien.	**Я прекрасно провёл /провела/ время.** [já prekrásnɔ prɔvǿl /prɔvelá/ vrémʲa.]
Lo pasamos muy bien.	**Мы прекрасно провели время.** [mī prekrásnɔ prɔvelí vrémʲa.]
Fue genial.	**Всё было замечательно.** [fsǿ bīlɔ zametʃátelʲnɔ.]
Le voy a echar de menos.	**Я буду скучать.** [já búdu skutʃátʲ.]
Le vamos a echar de menos.	**Мы будем скучать.** [mī búdem skutʃátʲ.]
¡Suerte!	**Удачи! Счастливо!** [udátʃi!, ʃáslivɔ!]
Saludos a …	**Передавайте привет …** [peredavájte privét …]

Idioma extranjero

No entiendo.	**Я не понимаю.** [já ne pɔnimáju.]
Escríbalo, por favor.	**Напишите это, пожалуйста.** [napiʃíte ǽtɔ, pɔʒáləsta.]
¿Habla usted ...?	**Вы знаете ...?** [vī znáete ...?]

Hablo un poco de ...	**Я немного знаю ...** [já nemnógɔ znáju ...]
inglés	**английский** [anglíjskij]
turco	**турецкий** [turéʦkij]
árabe	**арабский** [arápskij]
francés	**французский** [franʦúskij]

alemán	**немецкий** [neméʦkij]
italiano	**итальянский** [italjánskij]
español	**испанский** [ispánskij]
portugués	**португальский** [pɔrtugálʲskij]
chino	**китайский** [kitájskij]
japonés	**японский** [jɪpónskij]

¿Puede repetirlo, por favor?	**Повторите, пожалуйста.** [pɔftɔríte, pɔʒáləsta.]
Lo entiendo.	**Я понимаю.** [já pɔnimáju.]
No entiendo.	**Я не понимаю.** [já ne pɔnimáju.]
Hable más despacio, por favor.	**Говорите медленнее, пожалуйста.** [gɔvɔríte médlenee, pɔʒáləsta.]

¿Está bien?	**Это правильно?** [ǽtɔ právilʲnɔ?]
¿Qué es esto? (¿Que significa esto?)	**Что это?** [ʃtó ǽtɔ?]

Disculpas

Perdone, por favor.	**Извините, пожалуйста.**
	[izviníte, pɔʒáləsta.]
Lo siento.	**Я сожалею.**
	[já sɔʒiléju.]
Lo siento mucho.	**Мне очень жаль.**
	[mné ótʃenʲ ʒálʲ.]
Perdón, fue culpa mía.	**Виноват /Виновата/, это моя вина.**
	[vinɔvát /vinɔváta/, ǽtɔ mɔjá viná.]
Culpa mía.	**Моя ошибка.**
	[mɔjá ɔʃípka.]

¿Puedo ...?	**Могу я ...?**
	[mɔgú já ...?]
¿Le molesta si ...?	**Вы не будете возражать, если я ...?**
	[vɪ ne búdete vɔzraʒátʲ, esli já ...?]
¡No hay problema! (No pasa nada.)	**Ничего страшного.**
	[nitʃevó stráʃnɔvɔ.]
Todo está bien.	**Всё в порядке.**
	[fsǿ f pɔrʲátke.]
No se preocupe.	**Не беспокойтесь.**
	[ne bespɔkójtesʲ.]

Acuerdos

Sí. **Да.**
[dá.]

Sí, claro. **Да, конечно.**
[dá, kɔnéʃnɔ.]

Bien. **Хорошо!**
[hɔrɔʃó!]

Muy bien. **Очень хорошо.**
[ɔtʃenʲ hɔrɔʃó.]

¡Claro que sí! **Конечно!**
[kɔnéʃnɔ!]

Estoy de acuerdo. **Я согласен /согласна/.**
[já sɔglásen /saglásna/.]

Es verdad. **Верно.**
[vérnɔ.]

Es correcto. **Правильно.**
[právilʲnɔ.]

Tiene razón. **Вы правы.**
[vī právi.]

No me molesta. **Я не возражаю.**
[já ne vɔzraʒáju.]

Es completamente cierto. **Совершенно верно.**
[sɔverʃǽnnɔ vérnɔ.]

Es posible. **Это возможно.**
[ǽtɔ vɔzmóʒnɔ.]

Es una buena idea. **Это хорошая мысль.**
[ǽtɔ hɔróʃaja mīslʲ.]

No puedo decir que no. **Не могу отказать.**
[ne mɔgú ɔtkazátʲ.]

Estaré encantado /encantada/. **Буду рад /рада/.**
[búdu rad /ráda/.]

Será un placer. **С удовольствием.**
[s udɔvólʲstviem.]

Rechazo. Expresar duda

No.
Нет.
[nét.]

Claro que no.
Конечно нет.
[kɔnéʃnɔ nét.]

No estoy de acuerdo.
Я не согласен /не согласна/.
[já ne sɔglásen /ne sɔglásna/.]

No lo creo.
Я так не думаю.
[já ták ne dúmaju.]

No es verdad.
Это неправда.
[ǽtɔ neprávda.]

No tiene razón.
Вы неправы.
[vī neprávi.]

Creo que no tiene razón.
Я думаю, что вы неправы.
[já dúmaju, ʃtó vī neprávi.]

No estoy seguro /segura/.
Не уверен /не уверена/.
[ne uvéren /ne uvérena/.]

No es posible.
Это невозможно.
[ǽtɔ nevɔzmóʒnɔ.]

¡Nada de eso!
Ничего подобного!
[niʧevó pɔdóbnɔvɔ!]

Justo lo contrario.
Наоборот!
[naɔbɔrót!]

Estoy en contra de ello.
Я против.
[já prótif.]

No me importa. (Me da igual.)
Мне всё равно.
[mné fsǿ ravnó.]

No tengo ni idea.
Понятия не имею.
[pɔnʲátija ne iméju.]

Dudo que sea así.
Сомневаюсь, что это так.
[sɔmnevájus, ʃtó ǽtɔ ták.]

Lo siento, no puedo.
Извините, я не могу.
[izviníte, já ne mɔgú.]

Lo siento, no quiero.
Извините, я не хочу.
[izviníte, já ne hɔtʃú.]

Gracias, pero no lo necesito.
Спасибо, мне это не нужно.
[spasíbɔ, mne ǽtɔ ne núʒnɔ.]

Ya es tarde.
Уже поздно.
[uʒǽ póznɔ.]

Tengo que levantarme temprano.

Мне рано вставать.
[mné ráno fstavátʲ.]

Me encuentro mal.

Я плохо себя чувствую.
[já plóho sebʲá ʧústvuju.]

Expresar gratitud

Gracias.	**Спасибо.** [spasíbɔ.]
Muchas gracias.	**Спасибо большое.** [spasíbɔ bɔlʲʃóe.]
De verdad lo aprecio.	**Очень признателен /признательна/.** [ótʃenʲ priznátelen /priznátelʲna/.]
Se lo agradezco.	**Я вам благодарен /благодарна/.** [já vam blagɔdáren /blagɔdárna/.]
Se lo agradecemos.	**Мы Вам благодарны.** [mī vam blagɔdárni.]
Gracias por su tiempo.	**Спасибо, что потратили время.** [spasíbɔ, ʃtó pɔtrátili vrémʲa.]
Gracias por todo.	**Спасибо за всё.** [spasíbɔ za fsǿ.]
Gracias por ...	**Спасибо за ...** [spasíbɔ za ...]
su ayuda	**вашу помощь** [váʃu pómɔʃʲ]
tan agradable momento	**хорошее время** [hɔróʃee vrémʲa]
una comida estupenda	**прекрасную еду** [prekrásnuju edú]
una velada tan agradable	**приятный вечер** [prijátnij vétʃer]
un día maravilloso	**замечательный день** [zametʃátelʲnij dénʲ]
un viaje increíble	**интересную экскурсию** [interésnuju ɛkskúrsiju]
No hay de qué.	**Не за что.** [né za ʃtɔ.]
De nada.	**Не стоит благодарности.** [ne stóit blagɔdárnɔsti.]
Siempre a su disposición.	**Всегда пожалуйста.** [fsegdá pɔʒáləsta.]
Encantado /Encantada/ de ayudarle.	**Был рад /Была рада/ помочь.** [bil rád /bilá ráda/ pɔmótʃʲ.]
No hay de qué.	**Забудьте. Всё в порядке.** [zabútʲte. fsǿ f porʲátke.]
No tiene importancia.	**Не беспокойтесь.** [ne bespɔkójtesʲ.]

Felicitaciones , Mejores Deseos

¡Felicidades!	**Поздравляю!** [pɔzdravlʲáju!]
¡Feliz Cumpleaños!	**С днём рождения!** [z dnʲǿm rɔʒdénija!]
¡Feliz Navidad!	**Весёлого рождества!** [vesǿlɔvɔ rɔʒdestvá!]
¡Feliz Año Nuevo!	**С Новым годом!** [s nóvim gódɔm!]
¡Felices Pascuas!	**Со Светлой Пасхой!** [sɔ svétlɔj pásxɔj!]
¡Feliz Hanukkah!	**Счастливой Хануки!** [ʃʲislívɔj hánuki!]
Quiero brindar.	**У меня есть тост.** [u menʲá jéstʲ tóst.]
¡Salud!	**За ваше здоровье!** [za váʃe zdɔróvje!]
¡Brindemos por ...!	**Выпьем за ... !** [vīpjem za ... !]
¡A nuestro éxito!	**За наш успех!** [za náʃ uspéh!]
¡A su éxito!	**За ваш успех!** [za váʃ uspéh!]
¡Suerte!	**Удачи!** [udátʃi!]
¡Que tenga un buen día!	**Приятного вам дня!** [prijátnɔvɔ vam dnʲá!]
¡Que tenga unas buenas vacaciones!	**Хорошего вам отдыха!** [hɔróʃevɔ vam ótdiha!]
¡Que tenga un buen viaje!	**Удачной поездки!** [udátʃnɔj pɔéstki!]
¡Espero que se recupere pronto!	**Желаю вам скорого выздоровления!** [ʒeláju vam skórɔvɔ vizdɔrɔvlénija!]

Socializarse

¿Por qué está triste?	**Почему вы расстроены?** [potʃemú vī rastróeni?]
¡Sonría! ¡Anímese!	**Улыбнитесь!** [ulɨbnítesʲ!]
¿Está libre esta noche?	**Вы не заняты сегодня вечером?** [vī ne zániti sevódnʲa vétʃerɔm?]

¿Puedo ofrecerle algo de beber?	**Могу я предложить вам выпить?** [mɔgú já predlɔʒítʲ vam vīpitʲ?]
¿Querría bailar conmigo?	**Не хотите потанцевать?** [ne hɔtíte potantsɛvátʲ?]
Vamos a ir al cine.	**Может сходим в кино?** [móʒet sxódim f kinó?]

¿Puedo invitarle a ...?	**Могу я пригласить вас в ...?** [mɔgú já priglasítʲ vás f ...?]
un restaurante	**ресторан** [restɔrán]
el cine	**кино** [kinó]
el teatro	**театр** [teátr]
dar una vuelta	**на прогулку** [na prɔgúlku]

¿A qué hora?	**Во сколько?** [vɔ skólʲkɔ?]
esta noche	**сегодня вечером** [sevódnʲa vétʃerɔm]
a las seis	**в 6 часов** [f ʃæstʲ tʃasóf]
a las siete	**в 7 часов** [f sémʲ tʃasóf]
a las ocho	**в 8 часов** [v vósemʲ tʃasóf]
a las nueve	**в 9 часов** [v dévitʲ tʃasóf]

¿Le gusta este lugar?	**Вам здесь нравится?** [vam zdésʲ nrávitsa?]
¿Está aquí con alguien?	**Вы здесь с кем-то?** [vī zdésʲ s kém-tɔ?]
Estoy con mi amigo /amiga/.	**Я с другом /подругой/.** [já s drúgɔm /pɔdrúgɔj/.]

| Estoy con amigos. | Я с друзьями.
[já s druzjámi.] |
| No, estoy solo /sola/. | Я один /одна/.
[já ɔdín /ɔdná/.] |

¿Tienes novio?	У тебя есть приятель? [u tebʲá jéstʲ prijátelʲ?]
Tengo novio.	У меня есть друг. [u menʲá jéstʲ drúk.]
¿Tienes novia?	У тебя есть подружка? [u tebʲá jéstʲ pɔdrúʃka?]
Tengo novia.	У меня есть девушка. [u menʲá jéstʲ dévuʃka.]

¿Te puedo volver a ver?	Мы ещё встретимся? [mī eʃǿ fstrétimsʲa?]
¿Te puedo llamar?	Можно я тебе позвоню? [móʒnɔ já tebé pɔzvonʲú?]
Llámame.	Позвони мне. [pɔzvɔní mné.]
¿Cuál es tu número?	Какой у тебя номер? [kakój u tebʲá nómer?]
Te echo de menos.	Я скучаю по тебе. [já skutʃáju pɔ tebé.]

¡Qué nombre tan bonito!	У вас очень красивое имя. [u vás ótʃenʲ krasívɔe ímʲa.]
Te quiero.	Я тебя люблю. [já tebʲá lʲublʲú.]
¿Te casarías conmigo?	Выходи за меня. [vɨhɔdí za menʲá.]
¡Está de broma!	Вы шутите! [vī ʃútite!]
Sólo estoy bromeando.	Я просто шучу. [já próstɔ ʃutʃú.]

¿En serio?	Вы серьёзно? [vī serjóznɔ?]
Lo digo en serio.	Я серьёзно. [já serjóznɔ.]
¿De verdad?	Правда?! [právda?!]
¡Es increíble!	Это невероятно! [áetɔ neverɔjátnɔ!]
No le creo.	Я вам не верю. [já vam ne verʲu.]
No puedo.	Я не могу. [já ne mɔgú.]
No lo sé.	Я не знаю. [já ne znáju.]
No le entiendo.	Я вас не понимаю. [já vás ne pɔnimáju.]

Váyase, por favor.	**Уйдите, пожалуйста.**
	[ujdíte, poʒálǝsta.]
¡Déjeme en paz!	**Оставьте меня в покое!**
	[ostáfʲte menʲá f pokóe!]

Es inaguantable.	**Я его не выношу.**
	[já evó ne vinoʃú.]
¡Es un asqueroso!	**Вы отвратительны!**
	[vī otvratítelʲni!]
¡Llamaré a la policía!	**Я вызову полицию!**
	[já vīzovu políʦiju!]

Compartir impresiones. Emociones

Me gusta.	**Мне это нравится.** [mné ǽtɔ nrávitsa.]
Muy lindo.	**Очень мило.** [ótʃenʲ mílɔ.]
¡Es genial!	**Это здорово!** [ǽtɔ zdórɔvɔ!]
No está mal.	**Это неплохо.** [ǽtɔ neplóhɔ.]
No me gusta.	**Мне это не нравится.** [mné ǽtɔ ne nrávitsa.]
No está bien.	**Это нехорошо.** [ǽtɔ nehɔrɔʃó.]
Está mal.	**Это плохо.** [ǽtɔ plóhɔ.]
Está muy mal.	**Это очень плохо.** [ǽtɔ ótʃenʲ plóhɔ.]
¡Qué asco!	**Это отвратительно.** [ǽtɔ ɔtvratítelʲnɔ.]
Estoy feliz.	**Я счастлив /счастлива/.** [já ʃáslif /ʃásliva/.]
Estoy contento /contenta/.	**Я доволен /довольна/.** [já dɔvólen /dɔvólʲna/.]
Estoy enamorado /enamorada/.	**Я влюблён /влюблена/.** [já vlʲublʲɵn /vlʲublená/.]
Estoy tranquilo.	**Я спокоен /спокойна/.** [já spɔkóen /spɔkójna/.]
Estoy aburrido.	**Мне скучно.** [mné skúʃnɔ.]
Estoy cansado /cansada/.	**Я устал /устала/.** [já ustál /ustála/.]
Estoy triste.	**Мне грустно.** [mné grúsnɔ.]
Estoy asustado.	**Я напуган /напугана/.** [já napúgan /napúgana/.]
Estoy enfadado /enfadada/.	**Я злюсь.** [já zlʲúsʲ.]
Estoy preocupado /preocupada/.	**Я волнуюсь.** [já vɔlnújusʲ.]
Estoy nervioso /nerviosa/.	**Я нервничаю.** [já nérvnitʃaju.]

Estoy celoso /celosa/.

Я завидую.
[já zavíduju.]

Estoy sorprendido /sorprendida/.

Я удивлён /удивлена/.
[já udivlǿn /udivlená/.]

Estoy perplejo /perpleja/.

Я озадачен /озадачена/.
[já ozadátʃen /ozadátʃena/.]

Problemas, Accidentes

Tengo un problema.	**У меня проблема.** [u menʲá prɔbléma.]
Tenemos un problema.	**У нас проблема.** [u nás prɔbléma.]
Estoy perdido /perdida/.	**Я заблудился /заблудилась/.** [já zabludílsʲa /zabludílasʲ/.]
Perdi el último autobús (tren).	**Я опоздал на последний автобус (поезд).** [já ɔpɔzdál na pɔslédnij aftóbus (póezd).]
No me queda más dinero.	**У меня совсем не осталось денег.** [u menʲá sɔfsém ne ɔstálɔsʲ déneg.]

He perdido …	**Я потерял /потеряла/ …** [já pɔterʲál /pɔterʲála/ …]
Me han robado …	**У меня украли …** [u menʲá ukráli …]
mi pasaporte	**паспорт** [páspɔrt]
mi cartera	**бумажник** [bumáʒnik]
mis papeles	**документы** [dɔkuménti]
mi billete	**билет** [bilét]

mi dinero	**деньги** [dénʲgi]
mi bolso	**сумку** [súmku]
mi cámara	**фотоаппарат** [fɔtɔ·aparát]
mi portátil	**ноутбук** [nɔutbúk]
mi tableta	**планшет** [planʃǽt]
mi teléfono	**телефон** [telefón]

¡Ayúdeme!	**Помогите!** [pɔmɔgíte!]
¿Qué pasó?	**Что случилось?** [ʃtó sluʧílɔsʲ?]

el incendio	**пожар** [poʒár]
un tiroteo	**стрельба** [strelʲbá]
el asesinato	**убийство** [ubíjstvo]
una explosión	**взрыв** [vzrīf]
una pelea	**драка** [dráka]

¡Llame a la policía!	**Вызовите полицию!** [vīzovite polítsiju!]
¡Más rápido, por favor!	**Пожалуйста, быстрее!** [poʒálosta, bistrée!]
Busco la comisaría.	**Я ищу полицейский участок.** [já iʃú politsǽjskij utʃástok.]
Tengo que hacer una llamada.	**Мне нужно позвонить.** [mné núʒno pozvoníti.]
¿Puedo usar su teléfono?	**Могу я позвонить?** [mogú já pozvonítʲ?]

Me han …	**Меня …** [menʲá …]
asaltado /asaltada/	**ограбили** [ográbili]
robado /robada/	**обокрали** [obokráli]
violada	**изнасиловали** [iznasílovali]
atacado /atacada/	**избили** [izbíli]

¿Se encuentra bien?	**С вами всё в порядке?** [s vámi fsǿ f porʲátke?]
¿Ha visto quien a sido?	**Вы видели, кто это был?** [vī vídeli, któ ǽto bīl?]
¿Sería capaz de reconocer a la persona?	**Вы сможете его узнать?** [vī smóʒete evó uznátʲ?]
¿Está usted seguro?	**Вы точно уверены?** [vī tótʃno uvéreni?]

Por favor, cálmese.	**Пожалуйста, успокойтесь.** [poʒálosta, uspokójtesʲ.]
¡Cálmese!	**Спокойнее!** [spokójnee!]
¡No se preocupe!	**Не беспокойтесь.** [ne bespokójtesʲ.]
Todo irá bien.	**Всё будет хорошо.** [fsǿ búdet horoʃó.]
Todo está bien.	**Всё в порядке.** [fsǿ f porʲátke.]

Venga aquí, por favor.	**Подойдите, пожалуйста.** [pɔdɔjdíte, pɔʒálǝsta.]
Tengo unas preguntas para usted.	**У меня к вам несколько вопросов.** [u menʲá k vám néskolʲkɔ vɔprósɔf.]
Espere un momento, por favor.	**Подождите, пожалуйста.** [pɔdɔʒdíte, pɔʒálǝsta.]
¿Tiene un documento de identidad?	**У вас есть документы?** [u vás jéstʲ dɔkuménti?]
Gracias. Puede irse ahora.	**Спасибо. Вы можете идти.** [spasíbɔ. vɨ móʒete itʲtí.]
¡Manos detrás de la cabeza!	**Руки за голову!** [rúki za gólɔvu!]
¡Está arrestado!	**Вы арестованы!** [vɨ arestóvani!]

Problemas de salud

Ayudeme, por favor.	**Помогите, пожалуйста.** [pɔmɔgíte, pɔʒáləsta.]
No me encuentro bien.	**Мне плохо.** [mné plóhɔ.]
Mi marido no se encuentra bien.	**Моему мужу плохо.** [mɔemú múʒu plóhɔ.]
Mi hijo …	**Моему сыну …** [mɔemú sīnu …]
Mi padre …	**Моему отцу …** [mɔemú ɔtʦú …]
Mi mujer no se encuentra bien.	**Моей жене плохо.** [mɔéj ʒené plóhɔ.]
Mi hija …	**Моей дочери …** [mɔéj dótʃeri …]
Mi madre …	**Моей матери …** [mɔéj máteri …]
Me duele …	**У меня болит …** [u menjá bɔlít …]
la cabeza	**голова** [gɔlɔvá]
la garganta	**горло** [górlɔ]
el estómago	**живот** [ʒivót]
un diente	**зуб** [zúb]
Estoy mareado.	**У меня кружится голова.** [u menjá krúʒiʦa gɔlɔvá.]
Él tiene fiebre.	**У него температура.** [u nevó temperatúra.]
Ella tiene fiebre.	**У неё температура.** [u nejó temperatúra.]
No puedo respirar.	**Я не могу дышать.** [já ne mɔgú diʃátj.]
Me ahogo.	**Я задыхаюсь.** [já zadihájusj.]
Tengo asma.	**Я астматик.** [já astmátik.]
Tengo diabetes.	**Я диабетик.** [já diabétik.]

No puedo dormir.	**У меня бессонница.** [u menʲá bessónitsa.]
intoxicación alimentaria	**пищевое отравление** [piʃʲevóe ɔtravlénie]

Me duele aquí.	**Болит вот здесь.** [bɔlít vót zdésʲ.]
¡Ayúdeme!	**Помогите!** [pɔmɔgíte!]
¡Estoy aquí!	**Я здесь!** [já zdésʲ!]
¡Estamos aquí!	**Мы здесь!** [mɨ zdésʲ!]
¡Saquenme de aquí!	**Вытащите меня!** [vɨtaʃʲite menʲá!]
Necesito un médico.	**Мне нужен врач.** [mné núʒen vrátʃ.]
No me puedo mover.	**Я не могу двигаться.** [já ne mɔgú dvígatsa.]
No puedo mover mis piernas.	**Я не чувствую ног.** [já ne tʃústvuju nók.]

Tengo una herida.	**Я ранен /ранена/.** [já ránen /ránena/.]
¿Es grave?	**Это серьёзно?** [ǽtɔ serjóznɔ?]
Mis documentos están en mi bolsillo.	**Мои документы в кармане.** [mɔí dɔkuménti f karmáne.]
¡Cálmese!	**Успокойтесь!** [uspɔkójtesʲ!]
¿Puedo usar su teléfono?	**Могу я позвонить?** [mɔgú já pɔzvɔnítʲ?]

¡Llame a una ambulancia!	**Вызовите скорую!** [vɨzɔvite skóruju!]
¡Es urgente!	**Это срочно!** [ǽtɔ srótʃnɔ!]
¡Es una emergencia!	**Это очень срочно!** [ǽtɔ ótʃenʲ srótʃnɔ!]
¡Más rápido, por favor!	**Пожалуйста, быстрее!** [pɔʒáləsta, bistrée!]
¿Puede llamar a un médico, por favor?	**Вызовите врача, пожалуйста.** [vɨzɔvite vratʃá, pɔʒáləsta.]
¿Dónde está el hospital?	**Скажите, где больница?** [skaʒīte, gdé bɔlʲnítsa?]

¿Cómo se siente?	**Как вы себя чувствуете?** [kák vɨ sebʲá tʃústvuete?]
¿Se encuentra bien?	**С вами всё в порядке?** [s vámi fsǿ f pɔrʲátke?]
¿Qué pasó?	**Что случилось?** [ʃtó slutʃílɔsʲ?]

Me encuentro mejor.

Мне уже лучше.
[mné uʒǽ lútʃe.]

Está bien.

Всё в порядке.
[fsǿ f porʲátke.]

Todo está bien.

Всё хорошо.
[fsǿ horoʃó.]

En la farmacia

la farmacia	**Аптека** [aptéka]
la farmacia 24 horas	**круглосуточная аптека** [kruglɔsútɔʧnaja aptéka]
¿Dónde está la farmacia más cercana?	**Где ближайшая аптека?** [gdé bliʒájʃaja aptéka?]
¿Está abierta ahora?	**Она сейчас открыта?** [ɔná sejʧás ɔtkrĩta?]
¿A qué hora abre?	**Во сколько она открывается?** [vɔ skólʲkɔ ɔná ɔtkriváetsa?]
¿A qué hora cierra?	**До которого часа она работает?** [dɔ kɔtórɔvɔ ʧása ɔná rabótaet?]
¿Está lejos?	**Это далеко?** [ǽtɔ dalekó?]
¿Puedo llegar a pie?	**Я дойду туда пешком?** [já dɔjdú tudá peʃkóm]
¿Puede mostrarme en el mapa?	**Покажите мне на карте, пожалуйста.** [pɔkaʒĩte mne na kárte, pɔʒáləsta.]
Por favor, deme algo para …	**Дайте мне, что-нибудь от …** [dájte mné, ʃtó-nibutʲ ɔt …]
un dolor de cabeza	**головной боли** [gɔlɔvnój bóli]
la tos	**кашля** [káʃlʲa]
el resfriado	**простуды** [prɔstúdi]
la gripe	**гриппа** [grípa]
la fiebre	**температуры** [temperatúri]
un dolor de estomago	**боли в желудке** [bóli v ʒelútke]
nauseas	**тошноты** [tɔʃnɔtĩ]
la diarrea	**диареи** [diaréi]
el estreñimiento	**запора** [zapóra]
un dolor de espalda	**боль в спине** [bólʲ f spiné]

un dolor de pecho	боль в груди
	[bólʲ v grudí]
el flato	боль в боку
	[bólʲ v bɔkú]
un dolor abdominal	боль в животе
	[bólʲ v ʒivɔté]

la píldora	таблетка
	[tablétka]
la crema	мазь, крем
	[másʲ, krém]
el jarabe	сироп
	[siróp]
el spray	спрей
	[spréj]
las gotas	капли
	[kápli]

Tiene que ir al hospital.	Вам нужно в больницу.
	[vam núʒnɔ v bɔlʲnítsu.]
el seguro de salud	страховка
	[strahófka]
la receta	рецепт
	[retsǽpt]
el repelente de insectos	средство от насекомых
	[srétstvɔ ɔt nasekómih]
la curita	лейкопластырь
	[lejkɔplástirʲ]

Lo más imprescindible

Perdone, …	**Извините, …** [izviníte, …]
Hola.	**Здравствуйте.** [zdrástvujte.]
Gracias.	**Спасибо.** [spasíbɔ.]

Sí.	**Да.** [dá.]
No.	**Нет.** [nét.]
No lo sé.	**Я не знаю.** [já ne znáju.]
¿Dónde? | ¿A dónde? | ¿Cuándo?	**Где? | Куда? | Когда?** [gdé? | kudá? | kɔgdá?]

Necesito …	**Мне нужен …** [mné núʒen …]
Quiero …	**Я хочу …** [já hɔʧú …]
¿Tiene …?	**У вас есть …?** [u vás jéstʲ …?]
¿Hay … por aquí?	**Здесь есть …?** [zdésʲ éstʲ …?]
¿Puedo …?	**Я могу …?** [já mɔgú …?]
…, por favor? (petición educada)	**пожалуйста** [pɔʒáləsta]

Busco …	**Я ищу …** [já iʃʲú …]
el servicio	**туалет** [tualét]
un cajero automático	**банкомат** [bankɔmát]
una farmacia	**аптеку** [aptéku]
el hospital	**больницу** [bolʲnítsu]

la comisaría	**полицейский участок** [politsæjskij uʧástok]
el metro	**метро** [metró]

un taxi	такси [taksí]
la estación de tren	вокзал [vɔkzál]

Me llamo ...	Меня зовут ... [menʲá zɔvút ...]
¿Cómo se llama?	Как вас зовут? [kák vás zɔvút?]
¿Puede ayudarme, por favor?	Помогите мне, пожалуйста. [pɔmɔgíte mné, pɔʒáləsta.]
Tengo un problema.	У меня проблема. [u menʲá prɔbléma.]
Me encuentro mal.	Мне плохо. [mné plóhɔ.]
¡Llame a una ambulancia!	Вызовите скорую! [vĭzɔvite skóruju!]
¿Puedo llamar, por favor?	Могу я позвонить? [mɔgú já pɔzvɔnítʲ?]

Lo siento.	Извините. [izviníte.]
De nada.	Пожалуйста. [pɔʒáləsta.]

Yo	я [já]
tú	ты [tĭ]
él	он [ón]
ella	она [ɔná]
ellos	они [ɔní]
ellas	они [ɔní]
nosotros /nosotras/	мы [mĭ]
ustedes, vosotros	вы [vĭ]
usted	Вы [vĭ]

ENTRADA	ВХОД [fhód]
SALIDA	ВЫХОД [vĭhɔd]
FUERA DE SERVICIO	НЕ РАБОТАЕТ [ne rabótaet]
CERRADO	ЗАКРЫТО [zakrĭtɔ]

ABIERTO

ОТКРЫТО
[ɔtkrɨ́tɔ]

PARA SEÑORAS

ДЛЯ ЖЕНЩИН
[dlʲa ʒǽnʃin]

PARA CABALLEROS

ДЛЯ МУЖЧИН
[dlʲa muʃín]

VOCABULARIO TEMÁTICO

Esta sección contiene más
de 3.000 de las palabras más
importantes. El diccionario
le proporcionará una ayuda
inestimable mientras viaja al
extranjero, porque las palabras
individuales son a menudo
suficientes para que
le entiendan.
El diccionario incluye una
transcripción adecuada
de cada palabra extranjera

T&P Books Publishing

CONTENIDO
DEL DICCIONARIO

T&P Books Publishing

CONCEPTOS BÁSICOS

T&P Books Publishing

1. Los pronombres

yo	я	[já]
tú	ты	[tí]
él	он	[ón]
ella	она	[ɔná]
ello	оно	[ɔnó]
nosotros, -as	мы	[mí]
vosotros, -as	вы	[ví]
ellos, ellas	они	[ɔní]

2. Saludos. Salutaciones

¡Hola! (fam.)	Здравствуй!	[zdrástvuj]
¡Hola! (form.)	Здравствуйте!	[zdrástvujte]
¡Buenos días!	Доброе утро!	[dóbrɔe útrɔ]
¡Buenas tardes!	Добрый день!	[dóbrij dénʲ]
¡Buenas noches!	Добрый вечер!	[dóbrij vetʃer]
decir hola	здороваться (нсв, возв)	[zdɔróvatsa]
¡Hola! (a un amigo)	Привет!	[privét]
saludo (m)	привет (м)	[privét]
saludar (vt)	приветствовать (нсв, пх)	[privétstvɔvatʲ]
¿Cómo estáis?	Как у вас дела?	[kák u vás delá?]
¿Cómo estás?	Как дела?	[kák delá?]
¿Qué hay de nuevo?	Что нового?	[ʃtó nóvɔvɔ?]
¡Chau! ¡Adiós!	До свидания!	[dɔ svidánija]
¡Hasta pronto!	До скорой встречи!	[dɔ skórɔj fstrétʃi]
¡Adiós! (fam.)	Прощай!	[prɔʃʲáj]
¡Adiós! (form.)	Прощайте!	[prɔʃʲájte]
despedirse (vr)	прощаться (нсв, возв)	[prɔʃʲátsa]
¡Hasta luego!	Пока!	[pɔká]
¡Gracias!	Спасибо!	[spasíbɔ]
¡Muchas gracias!	Большое спасибо!	[bɔlʲʃóe spasíbɔ]
De nada	Пожалуйста	[pɔʒálesta]
No hay de qué	Не стоит благодарности	[ne stóit blagɔdárnɔsti]
De nada	Не за что	[né za ʃtɔ]
¡Disculpa!	Извини!	[izviní]
¡Disculpe!	Извините!	[izviníte]

disculpar (vt)	ИЗВИНЯТЬ (нсв, пх)	[izvinʲátʲ]
disculparse (vr)	ИЗВИНЯТЬСЯ (нсв, возв)	[izvinʲátsa]
Mis disculpas	Мои извинения	[mɔí izvinénija]
¡Perdóneme!	Простите!	[prɔstíte]
perdonar (vt)	прощать (нсв, пх)	[prɔʃátʲ]
¡No pasa nada!	Ничего страшного	[nitʃevó stráʃnɔvɔ]
por favor	пожалуйста	[pɔʒáləsta]
¡No se le olvide!	Не забудьте!	[ne zabútʲte]
¡Ciertamente!	Конечно!	[kɔnéʃnɔ]
¡Claro que no!	Конечно нет!	[kɔnéʃnɔ nét]
¡De acuerdo!	Согласен!	[sɔglásen]
¡Basta!	Хватит!	[hvátit]

3. Las preguntas

¿Quién?	Кто?	[któ?]
¿Qué?	Что?	[ʃtó?]
¿Dónde?	Где?	[gdé?]
¿Adónde?	Куда?	[kudá?]
¿De dónde?	Откуда?	[ɔtkúda?]
¿Cuándo?	Когда?	[kɔgdá?]
¿Para qué?	Зачем?	[zatʃém?]
¿Por qué?	Почему?	[pɔtʃemú?]
¿Por qué razón?	Для чего?	[dlʲa tʃevó?]
¿Cómo?	Как?	[kák?]
¿Qué ...? (~ color)	Какой?	[kakój?]
¿Cuál?	Который?	[kɔtórij?]
¿A quién?	Кому?	[kɔmú?]
¿De quién? (~ hablan ...)	О ком?	[ɔ kóm?]
¿De qué?	О чём?	[ɔ tʃóm?]
¿Con quién?	С кем?	[s kém?]
¿Cuánto?	Сколько?	[skólʲkɔ?]
¿Cuánto? (innum.)	Сколько?	[skólʲkɔ?]
¿De quién? (~ es este ...)	Чей?	[tʃéj?]
¿De quién? (fem.)	Чья?	[tʃjá?]
¿De quién? (pl)	Чьи?	[tʃjí?]

4. Las preposiciones

con ... (~ algn)	с	[s]
sin ... (~ azúcar)	без	[bez], [bes]
a ... (p.ej. voy a México)	в	[f], [v]
de ... (hablar ~)	о	[ɔ]
antes de ...	перед	[péred]

delante de …	перед	[péred]
debajo	под	[pod]
sobre …, encima de …	над	[nád]
en, sobre (~ la mesa)	на	[na]
de (origen)	из	[iz], [is]
de (fabricado de)	из	[iz], [is]
dentro de …	через	[ʧérez]
encima de …	через	[ʧérez]

5. Las palabras útiles. Los adverbios. Unidad 1

¿Dónde?	Где?	[gdé?]
aquí (adv)	здесь	[zdésʲ]
allí (adv)	там	[tám]
en alguna parte	где-то	[gdé-tɔ]
en ninguna parte	нигде	[nigdé]
junto a …	у, около	[u], [ókɔlɔ]
junto a la ventana	у окна	[u ɔkná]
¿A dónde?	Куда?	[kudá?]
aquí (venga ~)	сюда	[sʲudá]
allí (vendré ~)	туда	[tudá]
de aquí (adv)	отсюда	[ɔtsʲúda]
de allí (adv)	оттуда	[ɔttúda]
cerca (no lejos)	близко	[blískɔ]
lejos (adv)	далеко	[dalekó]
cerca de …	около	[ókɔlɔ]
al lado (de …)	рядом	[rʲádɔm]
no lejos (adv)	недалеко	[nedalekó]
izquierdo (adj)	левый	[lévij]
a la izquierda (situado ~)	слева	[sléva]
a la izquierda (girar ~)	налево	[nalévɔ]
derecho (adj)	правый	[právij]
a la derecha (situado ~)	справа	[správa]
a la derecha (girar)	направо	[naprávɔ]
delante (yo voy ~)	спереди	[spéredi]
delantero (adj)	передний	[perédnij]
adelante (movimiento)	вперёд	[fperɵd]
detrás de …	сзади	[szádi]
desde atrás	сзади	[szádi]
atrás (da un paso ~)	назад	[nazád]

| centro (m), medio (m) | середина (ж) | [seredína] |
| en medio (adv) | посередине | [pɔseredíne] |

de lado (adv)	сбоку	[zbóku]
en todas partes	везде	[vezdé]
alrededor (adv)	вокруг	[vɔkrúg]

de dentro (adv)	изнутри	[iznutrí]
a alguna parte	куда-то	[kudá-tɔ]
todo derecho (adv)	напрямик	[naprımík]
atrás (muévelo para ~)	обратно	[ɔbrátnɔ]

| de alguna parte (adv) | откуда-нибудь | [ɔtkúda-nibutʲ] |
| no se sabe de dónde | откуда-то | [ɔtkúda-tɔ] |

primero (adv)	во-первых	[vɔ-pérvih]
segundo (adv)	во-вторых	[vɔ-ftɔrʲih]
tercero (adv)	в-третьих	[f trétjih]

de súbito (adv)	вдруг	[vdrúg]
al principio (adv)	вначале	[vnatʃále]
por primera vez	впервые	[fpervíje]
mucho tiempo antes ...	задолго до ...	[zadólgɔ dɔ ...]
de nuevo (adv)	заново	[zánɔvɔ]
para siempre (adv)	насовсем	[nasɔfsém]

jamás, nunca (adv)	никогда	[nikɔgdá]
de nuevo (adv)	опять	[ɔpʲátʲ]
ahora (adv)	теперь	[tepérʲ]
frecuentemente (adv)	часто	[tʃástɔ]
entonces (adv)	тогда	[tɔgdá]
urgentemente (adv)	срочно	[srótʃnɔ]
usualmente (adv)	обычно	[ɔbɨtʃnɔ]

a propósito, ...	кстати, ...	[kstáti, ...]
es probable	возможно	[vɔzmóʒnɔ]
probablemente (adv)	вероятно	[verɔjátnɔ]
tal vez	может быть	[móʒet bɨtʲ]
además ...	кроме того, ...	[króme tɔvó, ...]
por eso ...	поэтому ...	[pɔǽtɔmu ...]
a pesar de ...	несмотря на ...	[nesmɔtrʲá na ...]
gracias a ...	благодаря ...	[blagɔdarʲá ...]

qué (pron)	что	[ʃtó]
que (conj)	что	[ʃtó]
algo (~ le ha pasado)	что-то	[ʃtó-tɔ]
algo (~ así)	что-нибудь	[ʃtó-nibutʲ]
nada (f)	ничего	[nitʃevó]

quien	кто	[któ]
alguien (viene ~)	кто-то	[któ-tɔ]
alguien (¿ha llamado ~?)	кто-нибудь	[któ-nibutʲ]

nadie	никто	[niktó]
a ninguna parte	никуда	[nikudá]
de nadie	ничей	[nitʃéj]
de alguien	чей-нибудь	[tʃej-nibútʲ]
tan, tanto (adv)	так	[ták]
también (~ habla francés)	также	[tágʒe]
también (p.ej. Yo ~)	тоже	[tóʒe]

6. Las palabras útiles. Los adverbios. Unidad 2

¿Por qué?	Почему?	[potʃemú?]
no se sabe porqué	почему-то	[potʃemú-tɔ]
porque ...	потому, что ...	[potɔmú, ʃtó ...]
por cualquier razón (adv)	зачем-то	[zatʃém-tɔ]
y (p.ej. uno y medio)	и	[i]
o (p.ej. té o café)	или	[íli]
pero (p.ej. me gusta, ~)	но	[nó]
para (p.ej. es para ti)	для	[dlʲá]
demasiado (adv)	слишком	[slíʃkɔm]
sólo, solamente (adv)	только	[tólʲkɔ]
exactamente (adv)	точно	[tótʃnɔ]
unos ...,	около	[ókɔlɔ]
cerca de ... (~ 10 kg)		
aproximadamente	приблизительно	[priblizítelʲnɔ]
aproximado (adj)	приблизительный	[priblizítelʲnij]
casi (adv)	почти	[potʃtí]
resto (m)	остальное (c)	[ɔstalʲnóe]
cada (adj)	каждый	[káʒdij]
cualquier (adj)	любой	[lʲubój]
mucho (adv)	много	[mnógɔ]
muchos (mucha gente)	многие	[mnógie]
todos	все	[fsé]
a cambio de ...	в обмен на ...	[v ɔbmén na ...]
en cambio (adv)	взамен	[vzamén]
a mano (hecho ~)	вручную	[vrutʃnúju]
poco probable	вряд ли	[vrʲát lí]
probablemente	наверное	[navérnɔe]
a propósito (adv)	нарочно	[naróʃnɔ]
por accidente (adv)	случайно	[slutʃájnɔ]
muy (adv)	очень	[ótʃenʲ]
por ejemplo (adv)	например	[naprimér]
entre (~ nosotros)	между	[méʒdu]

entre (~ otras cosas)	**среди**	[sredí]
tanto (~ gente)	**столько**	[stólʲko]
especialmente (adv)	**особенно**	[ɔsóbennɔ]

NÚMEROS. MISCELÁNEA

T&P Books Publishing

cero	ноль	[nólʲ]
uno	один	[ɔdín]
dos	два	[dvá]
tres	три	[trí]
cuatro	четыре	[ʧetĭre]
cinco	пять	[pʲátʲ]
seis	шесть	[ʃæstʲ]
siete	семь	[sémʲ]
ocho	восемь	[vósemʲ]
nueve	девять	[dévɪtʲ]
diez	десять	[désɪtʲ]
once	одиннадцать	[ɔdínatsatʲ]
doce	двенадцать	[dvenátsatʲ]
trece	тринадцать	[trinátsatʲ]
catorce	четырнадцать	[ʧetĭrnatsatʲ]
quince	пятнадцать	[pitnátsatʲ]
dieciséis	шестнадцать	[ʃɛsnátsatʲ]
diecisiete	семнадцать	[semnátsatʲ]
dieciocho	восемнадцать	[vɔsemnátsatʲ]
diecinueve	девятнадцать	[devitnátsatʲ]
veinte	двадцать	[dvátsatʲ]
veintiuno	двадцать один	[dvátsatʲ ɔdín]
veintidós	двадцать два	[dvátsatʲ dvá]
veintitrés	двадцать три	[dvátsatʲ trí]
treinta	тридцать	[trítsatʲ]
treinta y uno	тридцать один	[trítsatʲ ɔdín]
treinta y dos	тридцать два	[trítsatʲ dvá]
treinta y tres	тридцать три	[trítsatʲ trí]
cuarenta	сорок	[sórɔk]
cuarenta y uno	сорок один	[sórɔk ɔdín]
cuarenta y dos	сорок два	[sórɔk dvá]
cuarenta y tres	сорок три	[sórɔk trí]
cincuenta	пятьдесят	[pɪtʲdesʲát]
cincuenta y uno	пятьдесят один	[pɪtʲdesʲát ɔdín]
cincuenta y dos	пятьдесят два	[pɪtʲdesʲát dvá]
cincuenta y tres	пятьдесят три	[pɪtʲdesʲát trí]
sesenta	шестьдесят	[ʃɛstʲdesʲát]

sesenta y uno	шестьдесят один	[ʃɛstʲdesʲát ɔdín]
sesenta y dos	шестьдесят два	[ʃɛstʲdesʲát dvá]
sesenta y tres	шестьдесят три	[ʃɛstʲdesʲát trí]
setenta	семьдесят	[sémʲdesɪt]
setenta y uno	семьдесят один	[sémʲdesɪt ɔdín]
setenta y dos	семьдесят два	[sémʲdesɪt dvá]
setenta y tres	семьдесят три	[sémʲdesɪt trí]
ochenta	восемьдесят	[vósemʲdesɪt]
ochenta y uno	восемьдесят один	[vósemʲdesɪt ɔdín]
ochenta y dos	восемьдесят два	[vósemʲdesɪt dvá]
ochenta y tres	восемьдесят три	[vósemʲdesɪt trí]
noventa	девяносто	[devɪnóstɔ]
noventa y uno	девяносто один	[devɪnóstɔ ɔdín]
noventa y dos	девяносто два	[devɪnóstɔ dvá]
noventa y tres	девяносто три	[devɪnóstɔ trí]

8. Números cardinales. Unidad 2

cien	сто	[stó]
doscientos	двести	[dvésti]
trescientos	триста	[trísta]
cuatrocientos	четыреста	[tʃetɪresta]
quinientos	пятьсот	[pɪtʲsót]
seiscientos	шестьсот	[ʃɛstʲsót]
setecientos	семьсот	[semʲsót]
ochocientos	восемьсот	[vɔsemʲsót]
novecientos	девятьсот	[devɪtʲsót]
mil	тысяча	[tīsɪtʃa]
dos mil	две тысячи	[dve tīsɪtʃi]
tres mil	три тысячи	[trí tīsɪtʃi]
diez mil	десять тысяч	[désɪtʲ tīsʲatʃ]
cien mil	сто тысяч	[stó tīsɪtʃ]
millón (m)	миллион (м)	[milión]
mil millones	миллиард (м)	[miliárd]

9. Números ordinales

primero (adj)	первый	[pérvʲj]
segundo (adj)	второй	[ftɔrój]
tercero (adj)	третий	[trétij]
cuarto (adj)	четвёртый	[tʃetvɵ́rtij]
quinto (adj)	пятый	[pʲátij]
sexto (adj)	шестой	[ʃɛstój]

séptimo (adj)	**седьмой**	[sedʲmój]
octavo (adj)	**восьмой**	[vɔsʲmój]
noveno (adj)	**девятый**	[devʲátij]
décimo (adj)	**десятый**	[desʲátij]

LOS COLORES.
LAS UNIDADES DE MEDIDA

T&P Books Publishing

10. Los colores

color (m)	цвет (м)	[ʦvét]
matiz (m)	оттенок (м)	[ɔtténɔk]
tono (m)	тон (м)	[tón]
arco (m) iris	радуга (ж)	[ráduga]

blanco (adj)	белый	[bélij]
negro (adj)	чёрный	[ʧórnij]
gris (adj)	серый	[sérij]

verde (adj)	зелёный	[zelǿnij]
amarillo (adj)	жёлтый	[ʒóltij]
rojo (adj)	красный	[krásnij]
azul (adj)	синий	[sínij]
azul claro (adj)	голубой	[gɔlubój]
rosa (adj)	розовый	[rózɔvij]
naranja (adj)	оранжевый	[ɔránʒevij]
violeta (adj)	фиолетовый	[fiɔlétɔvij]
marrón (adj)	коричневый	[kɔríʧnevij]

dorado (adj)	золотой	[zɔlɔtój]
argentado (adj)	серебристый	[serebrístij]
beige (adj)	бежевый	[béʒevij]
crema (adj)	кремовый	[krémɔvij]
turquesa (adj)	бирюзовый	[birʲuzóvij]
rojo cereza (adj)	вишнёвый	[viʃnǿvij]
lila (adj)	лиловый	[lilóvij]
carmesí (adj)	малиновый	[malínɔvij]

claro (adj)	светлый	[svétlij]
oscuro (adj)	тёмный	[tǿmnij]
vivo (adj)	яркий	[járkij]

de color (lápiz ~)	цветной	[ʦvetnój]
en colores (película ~)	цветной	[ʦvetnój]
blanco y negro (adj)	чёрно-белый	[ʧórnɔ-bélij]
unicolor (adj)	одноцветный	[ɔdnɔʦvétnij]
multicolor (adj)	разноцветный	[raznɔʦvétnij]

11. Las unidades de medida

| peso (m) | вес (м) | [vés] |
| longitud (f) | длина (ж) | [dliná] |

88

anchura (f)	ширина (ж)	[ʃiriná]
altura (f)	высота (ж)	[visɔtá]
profundidad (f)	глубина (ж)	[glubiná]
volumen (m)	объём (м)	[ɔbjóm]
área (f)	площадь (ж)	[plóʃatʲ]
gramo (m)	грамм (м)	[grám]
miligramo (m)	миллиграмм (м)	[miligrám]
kilogramo (m)	килограмм (м)	[kilɔgrám]
tonelada (f)	тонна (ж)	[tónna]
libra (f)	фунт (м)	[fúnt]
onza (f)	унция (ж)	[úntsija]
metro (m)	метр (м)	[métr]
milímetro (m)	миллиметр (м)	[milimétr]
centímetro (m)	сантиметр (м)	[santimétr]
kilómetro (m)	километр (м)	[kilɔmétr]
milla (f)	миля (ж)	[mílʲa]
pulgada (f)	дюйм (м)	[dʲújm]
pie (m)	фут (м)	[fút]
yarda (f)	ярд (м)	[járd]
metro (m) cuadrado	квадратный метр (м)	[kvadrátnij métr]
hectárea (f)	гектар (м)	[gektár]
litro (m)	литр (м)	[lítr]
grado (m)	градус (м)	[grádus]
voltio (m)	вольт (м)	[vólʲt]
amperio (m)	ампер (м)	[ampér]
caballo (m) de fuerza	лошадиная сила (ж)	[lɔʃidínaja síla]
cantidad (f)	количество (c)	[kɔlítʃestvɔ]
un poco de …	немного …	[nemnógɔ …]
mitad (f)	половина (ж)	[pɔlɔvína]
docena (f)	дюжина (ж)	[dʲúʒɨna]
pieza (f)	штука (ж)	[ʃtúka]
dimensión (f)	размер (м)	[razmér]
escala (f) (del mapa)	масштаб (м)	[maʃtáb]
mínimo (adj)	минимальный	[minimálʲnij]
el más pequeño (adj)	наименьший	[naiménʲʃij]
medio (adj)	средний	[srédnij]
máximo (adj)	максимальный	[maksimálʲnij]
el más grande (adj)	наибольший	[naibólʲʃij]

12. Contenedores

tarro (m) de vidrio	банка (ж)	[bánka]
lata (f)	банка (ж)	[bánka]

cubo (m)	ведро (c)	[vedró]
barril (m)	бочка (ж)	[bótʃka]
palangana (f)	таз (м)	[tás]
tanque (m)	бак (м)	[bák]
petaca (f) (de alcohol)	фляжка (ж)	[flʲáʃka]
bidón (m) de gasolina	канистра (ж)	[kanístra]
cisterna (f)	цистерна (ж)	[tsistǽrna]
taza (f) (mug de cerámica)	кружка (ж)	[krúʃka]
taza (f) (~ de café)	чашка (ж)	[tʃáʃka]
platillo (m)	блюдце (c)	[blʲútse]
vaso (m) (~ de agua)	стакан (м)	[stakán]
copa (f) (~ de vino)	бокал (м)	[bɔkál]
olla (f)	кастрюля (ж)	[kastrʲúlʲa]
botella (f)	бутылка (ж)	[butɨlka]
cuello (m) de botella	горлышко (c)	[górliʃkɔ]
garrafa (f)	графин (м)	[grafín]
jarro (m) (~ de agua)	кувшин (м)	[kufʃɨn]
recipiente (m)	сосуд (м)	[sɔsúd]
tarro (m)	горшок (м)	[gɔrʃók]
florero (m)	ваза (ж)	[váza]
frasco (m) (~ de perfume)	флакон (м)	[flakón]
frasquito (m)	пузырёк (м)	[puzirǿk]
tubo (m)	тюбик (м)	[tʲúbik]
saco (m) (~ de azúcar)	мешок (м)	[meʃók]
bolsa (f) (~ plástica)	пакет (м)	[pakét]
paquete (m) (~ de cigarrillos)	пачка (ж)	[pátʃka]
caja (f)	коробка (ж)	[kɔrópka]
cajón (m) (~ de madera)	ящик (м)	[jáʃʲik]
cesta (f)	корзина (ж)	[kɔrzína]

T&P BOOKS

LOS VERBOS MÁS IMPORTANTES

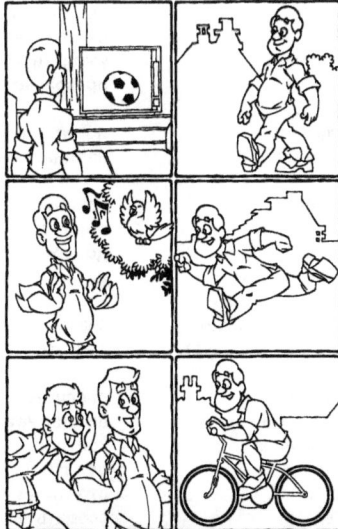

T&P Books Publishing

abrir (vt)	открывать (нсв, пх)	[ɔtkrivátʲ]
acabar, terminar (vt)	заканчивать (нсв, пх)	[zakántʃivatʲ]
aconsejar (vt)	советовать (нсв, пх)	[sɔvétɔvatʲ]
adivinar (vt)	отгадать (св, пх)	[ɔdgadátʲ]
advertir (vt)	предупреждать (нсв, пх)	[predupreʒdátʲ]
alabarse, jactarse (vr)	хвастаться (нсв, возв)	[hvástatsa]
almorzar (vi)	обедать (нсв, нпх)	[ɔbédatʲ]
alquilar (~ una casa)	снимать (нсв, пх)	[snimátʲ]
amenazar (vt)	угрожать (нсв, пх)	[ugrɔʒátʲ]
arrepentirse (vr)	сожалеть (нсв, нпх)	[sɔʒɨlétʲ]
ayudar (vt)	помогать (нсв, пх)	[pɔmɔgátʲ]
bañarse (vr)	купаться (нсв, возв)	[kupátsa]
bromear (vi)	шутить (нсв, нпх)	[ʃutítʲ]
buscar (vt)	искать ... (нсв, пх)	[iskátʲ ...]
caer (vi)	падать (нсв, нпх)	[pádatʲ]
callarse (vr)	молчать (нсв, нпх)	[mɔltʃátʲ]
cambiar (vt)	изменить (св, пх)	[izmenítʲ]
castigar, punir (vt)	наказывать (нсв, пх)	[nakázivatʲ]
cavar (vt)	рыть (нсв, пх)	[rɨ̄tʲ]
cazar (vi, vt)	охотиться (нсв, возв)	[ɔhótitsa]
cenar (vi)	ужинать (нсв, нпх)	[úʒinatʲ]
cesar (vt)	прекращать (нсв, пх)	[prekraʃátʲ]
coger (vt)	ловить (нсв, пх)	[lɔvítʲ]
comenzar (vt)	начинать (нсв, пх)	[natʃinátʲ]
comparar (vt)	сравнивать (нсв, пх)	[srávnivatʲ]
comprender (vt)	понимать (нсв, пх)	[pɔnimátʲ]
confiar (vt)	доверять (нсв, пх)	[dɔverʲátʲ]
confundir (vt)	путать (нсв, пх)	[pútatʲ]
conocer (~ a alguien)	знать (нсв, пх)	[znátʲ]
contar (vt) (enumerar)	считать (нсв, пх)	[ʃʲitátʲ]
contar con ...	рассчитывать на ... (нсв)	[raʃʲítivatʲ na ...]
continuar (vt)	продолжать (нсв, пх)	[prɔdɔlʒátʲ]
controlar (vt)	контролировать (нсв, пх)	[kɔntrɔlírɔvatʲ]
correr (vi)	бежать (н/св, нпх)	[beʒátʲ]
costar (vt)	стоить (нсв, пх)	[stóitʲ]
crear (vt)	создать (св, пх)	[sɔzdátʲ]

14. Los verbos más importantes. Unidad 2

dar (vt)	давать (нсв, пх)	[davátʲ]
dar una pista	подсказать (св, пх)	[potskazátʲ]
decir (vt)	сказать (нсв, пх)	[skazátʲ]
decorar (para la fiesta)	украшать (нсв, пх)	[ukraʃátʲ]
defender (vt)	защищать (нсв, пх)	[zaʃʲiʃʲátʲ]
dejar caer	ронять (нсв, пх)	[ronʲátʲ]
desayunar (vi)	завтракать (нсв, нпх)	[záftrakatʲ]
descender (vi)	спускаться (нсв, возв)	[spuskátsa]
dirigir (administrar)	руководить (нсв, пх)	[rukovodítʲ]
disculpar (vt)	извинять (нсв, пх)	[izvinʲátʲ]
disculparse (vr)	извиняться (нсв, возв)	[izvinʲátsa]
discutir (vt)	обсуждать (нсв, пх)	[opsuʒdátʲ]
dudar (vt)	сомневаться (нсв, возв)	[somnevátsa]
encontrar (hallar)	находить (нсв, пх)	[nahodítʲ]
engañar (vi, vt)	обманывать (нсв, пх)	[obmánivatʲ]
entrar (vi)	входить (нсв, нпх)	[fhodítʲ]
enviar (vt)	отправлять (нсв, пх)	[otpravlʲátʲ]
equivocarse (vr)	ошибаться (нсв, возв)	[oʃibátsa]
escoger (vt)	выбирать (нсв, пх)	[vibirátʲ]
esconder (vt)	прятать (нсв, пх)	[prʲátatʲ]
escribir (vt)	писать (нсв, пх)	[pisátʲ]
esperar (aguardar)	ждать (нсв, пх)	[ʒdátʲ]
esperar (tener esperanza)	надеяться (нсв, возв)	[nadéɪtsa]
estar de acuerdo	соглашаться (нсв, возв)	[soglaʃátsa]
estudiar (vt)	изучать (нсв, пх)	[izutʃátʲ]
exigir (vt)	требовать (нсв, пх)	[trébovatʲ]
existir (vi)	существовать (нсв, нпх)	[suʃʲestvovátʲ]
explicar (vt)	объяснять (нсв, пх)	[objɪsnʲátʲ]
faltar (a las clases)	пропускать (нсв, пх)	[propuskátʲ]
firmar (~ el contrato)	подписывать (нсв, пх)	[potpísivatʲ]
girar (~ a la izquierda)	поворачивать (нсв, нпх)	[povorátʃivatʲ]
gritar (vi)	кричать (нсв, нпх)	[kritʃátʲ]
guardar (conservar)	сохранять (нсв, пх)	[sohranʲátʲ]
gustar (vi)	нравиться (нсв, возв)	[nrávitsa]
hablar (vi, vt)	говорить (нсв, н/пх)	[govorítʲ]
hacer (vt)	делать (нсв, пх)	[délatʲ]
informar (vt)	информировать (н/св, пх)	[informírovatʲ]
insistir (vi)	настаивать (нсв, нпх)	[nastáivatʲ]
insultar (vt)	оскорблять (нсв, пх)	[oskorblʲátʲ]
interesarse (vr)	интересоваться (нсв, возв)	[interesovátsa]
invitar (vt)	приглашать (нсв, пх)	[priglaʃátʲ]

93

| ir (a pie) | идти (нсв, нпх) | [it'tí] |
| jugar (divertirse) | играть (нсв, нпх) | [igrát'] |

15. Los verbos más importantes. Unidad 3

leer (vi, vt)	читать (нсв, н/пх)	[tʃitát']
liberar (ciudad, etc.)	освобождать (нсв, пх)	[ɔsvɔbɔʒdát']
llamar (por ayuda)	звать (нсв, пх)	[zvát']
llegar (vi)	приезжать (нсв, нпх)	[prieʒʒát']
llorar (vi)	плакать (нсв, нпх)	[plákat']

matar (vt)	убивать (нсв, пх)	[ubivát']
mencionar (vt)	упоминать (нсв, пх)	[upɔminát']
mostrar (vt)	показывать (нсв, пх)	[pɔkázivat']
nadar (vi)	плавать (нсв, нпх)	[plávat']

negarse (vr)	отказываться (нсв, возв)	[ɔtkázivatsa]
objetar (vt)	возражать (нсв, н/пх)	[vɔzraʒát']
observar (vt)	наблюдать (нсв, н/пх)	[nabl'udát']
oír (vt)	слышать (нсв, пх)	[slɯ́ʃat']

olvidar (vt)	забывать (нсв, пх)	[zabivát']
orar (vi)	молиться (нсв, возв)	[mɔlítsa]
ordenar (mil.)	приказывать (нсв, пх)	[prikázivat']
pagar (vi, vt)	платить (нсв, н/пх)	[platít']
pararse (vr)	останавливаться (нсв, возв)	[ɔstanávlivatsa]

participar (vi)	участвовать (нсв, нпх)	[utʃástvɔvat']
pedir (ayuda, etc.)	просить (нсв, пх)	[prɔsít']
pedir (en restaurante)	заказывать (нсв, пх)	[zakázivat']
pensar (vi, vt)	думать (нсв, н/пх)	[dúmat']

percibir (ver)	замечать (нсв, пх)	[zametʃát']
perdonar (vt)	прощать (нсв, пх)	[prɔʃát']
permitir (vt)	разрешать (нсв, пх)	[razreʃát']
pertenecer a ...	принадлежать ... (нсв, нпх)	[prinadleʒát' ...]

planear (vt)	планировать (нсв, пх)	[planírɔvat']
poder (v aux)	мочь (нсв, нпх)	[mótʃ']
poseer (vt)	владеть (нсв, пх)	[vladét']
preferir (vt)	предпочитать (нсв, пх)	[pretpɔtʃitát']
preguntar (vt)	спрашивать (нсв, пх)	[spráʃivat']

preparar (la cena)	готовить (нсв, пх)	[gɔtóvit']
prever (vt)	предвидеть (нсв, пх)	[predvídet']
probar, tentar (vt)	пробовать (нсв, пх)	[próbɔvat']
prometer (vt)	обещать (н/св, пх)	[ɔbeʃát']
pronunciar (vt)	произносить (нсв, пх)	[prɔiznɔsít']
proponer (vt)	предлагать (нсв, пх)	[predlagát']

quebrar (vt)	ломать (нсв, пх)	[lɔmátʲ]
quejarse (vr)	жаловаться (нсв, возв)	[ʒálɔvatsa]
querer (amar)	любить (нсв, пх)	[lʲubítʲ]
querer (desear)	хотеть (нсв, пх)	[hɔtétʲ]

16. Los verbos más importantes. Unidad 4

recomendar (vt)	рекомендовать (нсв, пх)	[rekɔmendɔvátʲ]
regañar, reprender (vt)	ругать (нсв, пх)	[rugátʲ]
reírse (vr)	смеяться (нсв, возв)	[smejátsa]
repetir (vt)	повторять (нсв, пх)	[pɔftɔrʲátʲ]
reservar (~ una mesa)	резервировать (н/св, пх)	[rezervírɔvatʲ]
responder (vi, vt)	отвечать (нсв, пх)	[ɔtvetʃátʲ]

robar (vt)	красть (нсв, н/пх)	[krástʲ]
salir (vi)	выходить (нсв, нпх)	[vihɔdítʲ]
salvar (vt)	спасать (нсв, пх)	[spasátʲ]
seguir ...	следовать за ... (нсв)	[slédɔvatʲ za ...]
sentarse (vr)	садиться (нсв, возв)	[sadítsa]

ser necesario	требоваться (нсв, возв)	[trébɔvatsa]
ser, estar (vi)	быть (нсв, нпх)	[bĩtʲ]
significar (vt)	означать (нсв, пх)	[ɔznatʃátʲ]
sonreír (vi)	улыбаться (нсв, возв)	[ulibátsa]
sorprenderse (vr)	удивляться (нсв, возв)	[udivlʲátsa]

subestimar (vt)	недооценивать (нсв, пх)	[nedɔɔtsǽnivatʲ]
tener (vt)	иметь (нсв, пх)	[imétʲ]
tener hambre	хотеть есть (нсв)	[hɔtétʲ éstʲ]
tener miedo	бояться (нсв, возв)	[bɔjátsa]

tener prisa	торопиться (нсв, возв)	[tɔrɔpítsa]
tener sed	хотеть пить	[hɔtétʲ pítʲ]
tirar, disparar (vi)	стрелять (нсв, нпх)	[strelʲátʲ]
tocar (con las manos)	трогать (нсв, пх)	[trógatʲ]
tomar (vt)	брать (нсв), взять (св)	[brátʲ], [vzʲátʲ]
tomar nota	записывать (нсв, пх)	[zapísivatʲ]

trabajar (vi)	работать (нсв, нпх)	[rabótatʲ]
traducir (vt)	переводить (нсв, пх)	[perevɔdítʲ]
unir (vt)	объединять (нсв, пх)	[ɔbjedinʲátʲ]
vender (vt)	продавать (нсв, пх)	[prɔdavátʲ]
ver (vt)	видеть (нсв, пх)	[vídetʲ]
volar (pájaro, avión)	лететь (нсв, нпх)	[letétʲ]

T&P BOOKS

LA HORA. EL CALENDARIO

T&P Books Publishing

lunes (m)	понедельник (м)	[pɔnedélʲnik]
martes (m)	вторник (м)	[ftórnik]
miércoles (m)	среда (ж)	[sredá]
jueves (m)	четверг (м)	[tʃetvérg]
viernes (m)	пятница (ж)	[pʲátnitsa]
sábado (m)	суббота (ж)	[subóta]
domingo (m)	воскресенье (с)	[vɔskresénje]

hoy (adv)	сегодня	[sevódnʲa]
mañana (adv)	завтра	[záftra]
pasado mañana	послезавтра	[pɔslezáftra]
ayer (adv)	вчера	[ftʃerá]
anteayer (adv)	позавчера	[pɔzaftʃerá]

día (m)	день (м)	[dénʲ]
día (m) de trabajo	рабочий день (м)	[rabótʃij dénʲ]
día (m) de fiesta	празник (м)	[práznik]
día (m) de descanso	выходной день (м)	[vihɔdnój dénʲ]
fin (m) de semana	выходные (мн)	[vihɔdnīje]

todo el día	весь день	[vesʲ dénʲ]
al día siguiente	на следующий день	[na sléduʃij dénʲ]
dos días atrás	2 дня назад	[dvá dnʲá nazád]
en vísperas (adv)	накануне	[nakanúne]
diario (adj)	ежедневный	[eʒednévnij]
cada día (adv)	ежедневно	[eʒednévnɔ]

semana (f)	неделя (ж)	[nedélʲa]
semana (f) pasada	на прошлой неделе	[na próʃlɔj nedéle]
semana (f) que viene	на следующей неделе	[na sléduʃej nedéle]
semanal (adj)	еженедельный	[eʒenedélʲnij]
cada semana (adv)	еженедельно	[eʒenedélʲnɔ]
2 veces por semana	2 раза в неделю	[dvá ráza v nedélʲu]
todos los martes	каждый вторник	[káʒdij ftórnik]

mañana (f)	утро (с)	[útrɔ]
por la mañana	утром	[útrɔm]
mediodía (m)	полдень (м)	[póldenʲ]
por la tarde	после обеда	[pósle ɔbéda]
noche (f)	вечер (м)	[vétʃer]

por la noche	вечером	[vétʃerɔm]
noche (f) (p.ej. 2:00 a.m.)	ночь (ж)	[nótʃʲ]
por la noche	ночью	[nótʃʲu]
medianoche (f)	полночь (ж)	[pólnɔtʃʲ]
segundo (m)	секунда (ж)	[sekúnda]
minuto (m)	минута (ж)	[minúta]
hora (f)	час (м)	[tʃás]
media hora (f)	полчаса (мн)	[pɔltʃasá]
cuarto (m) de hora	четверть (ж) часа	[tʃétvertʲ tʃása]
quince minutos	15 минут	[pitnátsatʲ minút]
veinticuatro horas	сутки (мн)	[sútki]
salida (f) del sol	восход (м) солнца	[vɔsxód sóntsa]
amanecer (m)	рассвет (м)	[rasvét]
madrugada (f)	раннее утро (c)	[ránnee útrɔ]
puesta (f) del sol	закат (м)	[zakát]
de madrugada	рано утром	[ránɔ útrɔm]
esta mañana	сегодня утром	[sevódnʲa útrɔm]
mañana por la mañana	завтра утром	[záftra útrɔm]
esta tarde	сегодня днём	[sevódnʲa dnʲǿm]
por la tarde	после обеда	[pósle ɔbéda]
mañana por la tarde	завтра после обеда	[záftra pósle ɔbéda]
esta noche (p.ej. 8:00 p.m.)	сегодня вечером	[sevódnʲa vétʃerɔm]
mañana por la noche	завтра вечером	[záftra vetʃerɔm]
a las tres en punto	ровно в 3 часа	[róvnɔ f trí tʃasá]
a eso de las cuatro	около 4-х часов	[ókɔlɔ tʃetĭrǿh tʃasóf]
para las doce	к 12-ти часам	[k dvenátsatí tʃasám]
dentro de veinte minutos	через 20 минут	[tʃéres dvátsatʲ minút]
dentro de una hora	через час	[tʃéres tʃás]
a tiempo (adv)	вовремя	[vóvremʲa]
… menos cuarto	без четверти …	[bes tʃétverti …]
durante una hora	в течение часа	[f tetʃénie tʃása]
cada quince minutos	каждые 15 минут	[káʒdie pitnátsatʲ minút]
día y noche	круглые сутки	[krúglie sútki]

19. Los meses. Las estaciones

enero (m)	январь (м)	[jɪnvárʲ]
febrero (m)	февраль (м)	[fevrálʲ]
marzo (m)	март (м)	[márt]
abril (m)	апрель (м)	[aprélʲ]
mayo (m)	май (м)	[máj]

junio (m)	июнь (м)	[ijúnʲ]
julio (m)	июль (м)	[ijúlʲ]
agosto (m)	август (м)	[ávgust]
septiembre (m)	сентябрь (м)	[sentʲábrʲ]
octubre (m)	октябрь (м)	[ɔktʲábrʲ]
noviembre (m)	ноябрь (м)	[nɔjábrʲ]
diciembre (m)	декабрь (м)	[dekábrʲ]
primavera (f)	весна (ж)	[vesná]
en primavera	весной	[vesnój]
de primavera (adj)	весенний	[vesénnij]
verano (m)	лето (c)	[létɔ]
en verano	летом	[létɔm]
de verano (adj)	летний	[létnij]
otoño (m)	осень (ж)	[ósenʲ]
en otoño	осенью	[ósenju]
de otoño (adj)	осенний	[ɔsénnij]
invierno (m)	зима (ж)	[zimá]
en invierno	зимой	[zimój]
de invierno (adj)	зимний	[zímnij]
mes (m)	месяц (м)	[mésɪts]
este mes	в этом месяце	[v ætɔm mésɪtse]
al mes siguiente	в следующем месяце	[f sléduʃem mésɪtse]
el mes pasado	в прошлом месяце	[f próʃlɔm mésɪtse]
hace un mes	месяц назад	[mésɪts nazád]
dentro de un mes	через месяц	[tʃéres mésɪts]
dentro de dos meses	через 2 месяца	[tʃéres dvá mésɪtsa]
todo el mes	весь месяц	[vesʲ mésɪts]
todo un mes	целый месяц	[tsǽlij mésɪts]
mensual (adj)	ежемесячный	[eʒemésɪtʃnij]
mensualmente (adv)	ежемесячно	[eʒemésɪtʃnɔ]
cada mes	каждый месяц	[káʒdij mésɪts]
dos veces por mes	2 раза в месяц	[dvá ráza v mésɪts]
año (m)	год (м)	[gód]
este año	в этом году	[v ætɔm gɔdú]
el próximo año	в следующем году	[f sléduʃem gɔdú]
el año pasado	в прошлом году	[f próʃlɔm gɔdú]
hace un año	год назад	[gót nazád]
dentro de un año	через год	[tʃéres gód]
dentro de dos años	через 2 года	[tʃéres dvá góda]
todo el año	весь год	[vesʲ gód]
todo un año	целый год	[tsǽlij gód]
cada año	каждый год	[káʒdij gód]
anual (adj)	ежегодный	[eʒegódnij]

| anualmente (adv) | ежегодно | [eʒegódnɔ] |
| cuatro veces por año | 4 раза в год | [ʧetĩre ráza v gód] |

fecha (f) (la ~ de hoy es ...)	число (c)	[ʧisló]
fecha (f) (~ de entrega)	дата (ж)	[dáta]
calendario (m)	календарь (м)	[kalendárʲ]

medio año (m)	полгода	[pɔlgóda]
seis meses	полугодие (c)	[pɔlugódie]
estación (f)	сезон (м)	[sezón]
siglo (m)	век (м)	[vék]

T&P BOOKS

EL VIAJE. EL HOTEL

USD CAD
EUR CHF
JPY HKD
GBP CNY

RECEPTION

T&P Books Publishing

20. Las vacaciones. El viaje

turismo (m)	туризм (м)	[turízm]
turista (m)	турист (м)	[turíst]
viaje (m)	путешествие (c)	[puteʃǽstvie]
aventura (f)	приключение (c)	[priklʲutʃénie]
viaje (m) (p.ej. ~ en coche)	поездка (ж)	[pɔéstka]
vacaciones (f pl)	отпуск (м)	[ótpusk]
estar de vacaciones	быть в отпуске	[bɨtʲ v ótpuske]
descanso (m)	отдых (м)	[ótdɨh]
tren (m)	поезд (м)	[póezd]
en tren	поездом	[póezdɔm]
avión (m)	самолёт (м)	[samɔlǿt]
en avión	самолётом	[samɔlǿtɔm]
en coche	на автомобиле	[na aftomɔbíle]
en barco	на корабле	[na kɔrablé]
equipaje (m)	багаж (м)	[bagáʃ]
maleta (f)	чемодан (м)	[tʃemɔdán]
carrito (m) de equipaje	тележка (ж) для багажа	[teléʃka dlʲa bagaʒá]
pasaporte (m)	паспорт (м)	[páspɔrt]
visado (m)	виза (ж)	[víza]
billete (m)	билет (м)	[bilét]
billete (m) de avión	авиабилет (м)	[aviabilét]
guía (f) (libro)	путеводитель (м)	[putevɔdítelʲ]
mapa (m)	карта (ж)	[kárta]
área (f) (~ rural)	местность (ж)	[mésnɔstʲ]
lugar (m)	место (c)	[méstɔ]
exotismo (m)	экзотика (ж)	[ɛkzótika]
exótico (adj)	экзотический	[ɛkzɔtítʃeskij]
asombroso (adj)	удивительный	[udivítelʲnij]
grupo (m)	группа (ж)	[grúpa]
excursión (f)	экскурсия (ж)	[ɛkskúrsija]
guía (m) (persona)	экскурсовод (м)	[ɛkskursɔvód]

21. El hotel

hotel (m)	гостиница (ж)	[gɔstínitsa]
motel (m)	мотель (м)	[mɔtǽlʲ]

de tres estrellas	3 звезды	[trí zvezdí]
de cinco estrellas	5 звёзд	[pʲátʲ zvǿzd]
hospedarse (vr)	остановиться (св, возв)	[ɔstanɔvítsa]

habitación (f)	номер (м)	[nómer]
habitación (f) individual	одноместный номер (м)	[ɔdnɔ·mésnij nómer]
habitación (f) doble	двухместный номер (м)	[dvuh·mésnij nómer]
reservar una habitación	бронировать номер	[brɔnírɔvatʲ nómer]

| media pensión (f) | полупансион (м) | [pɔlu·pansión] |
| pensión (f) completa | полный пансион (м) | [pólnij pansión] |

con baño	с ванной	[s vánnɔj]
con ducha	с душем	[s dúʃɛm]
televisión (f) satélite	спутниковое телевидение (с)	[spútnikɔvɔe televídenie]

climatizador (m)	кондиционер (м)	[kɔnditsiɔnér]
toalla (f)	полотенце (с)	[pɔlɔténtse]
llave (f)	ключ (м)	[klʲútʃ]

administrador (m)	администратор (м)	[administrátɔr]
camarera (f)	горничная (ж)	[górnitʃnaja]
maletero (m)	носильщик (м)	[nɔsílʲʃik]
portero (m)	портье (с)	[pɔrtjé]

restaurante (m)	ресторан (м)	[restɔrán]
bar (m)	бар (м)	[bár]
desayuno (m)	завтрак (м)	[záftrak]
cena (f)	ужин (м)	[úʒin]
buffet (m) libre	шведский стол (м)	[ʃvétskij stól]

| vestíbulo (m) | вестибюль (м) | [vestibʲúlʲ] |
| ascensor (m) | лифт (м) | [líft] |

| NO MOLESTAR | НЕ БЕСПОКОИТЬ | [ne bespɔkóitʲ] |
| PROHIBIDO FUMAR | НЕ КУРИТЬ! | [ne kurítʲ] |

22. El turismo. La excursión

monumento (m)	памятник (м)	[pámɪtnik]
fortaleza (f)	крепость (ж)	[krépɔstʲ]
palacio (m)	дворец (м)	[dvɔréts]
castillo (m)	замок (м)	[zámɔk]
torre (f)	башня (ж)	[báʃnʲa]
mausoleo (m)	мавзолей (м)	[mavzɔléj]

arquitectura (f)	архитектура (ж)	[arhitektúra]
medieval (adj)	средневековый	[srednevekóvij]
antiguo (adj)	старинный	[starínnij]
nacional (adj)	национальный	[natsiɔnálʲnij]

conocido (adj)	известный	[izvésnij]
turista (m)	турист (м)	[turíst]
guía (m) (persona)	гид (м)	[gíd]
excursión (f)	экскурсия (ж)	[ɛkskúrsija]
mostrar (vt)	показывать (нсв, пх)	[pɔkázivatʲ]
contar (una historia)	рассказывать (нсв, пх)	[raskázivatʲ]

encontrar (hallar)	найти (св, пх)	[najtí]
perderse (vr)	потеряться (св, возв)	[poterʲátsa]
plano (m) (~ de metro)	схема (ж)	[sxéma]
mapa (m) (~ de la ciudad)	план (м)	[plán]

recuerdo (m)	сувенир (м)	[suvenír]
tienda (f) de regalos	магазин (м) сувениров	[magazín suvenírɔf]
hacer fotos	фотографировать (нсв, пх)	[fɔtɔgrafírovatʲ]
fotografiarse (vr)	фотографироваться (нсв, возв)	[fɔtɔgrafírovatsa]

EL TRANSPORTE

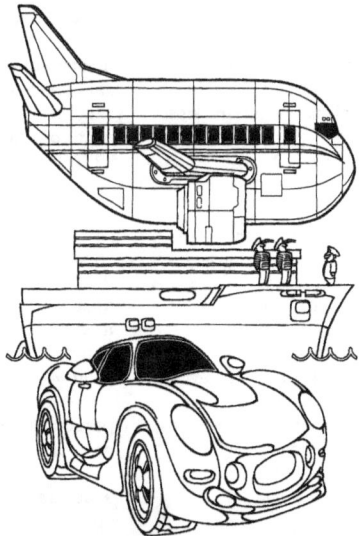

T&P Books Publishing

aeropuerto (m)	аэропорт (м)	[aɛrɔpórt]
avión (m)	самолёт (м)	[samɔlǿt]
compañía (f) aérea	авиакомпания (ж)	[avia·kɔmpánija]
controlador (m) aéreo	авиадиспетчер (м)	[avia·dispét∫er]

despegue (m)	вылет (м)	[vĩlet]
llegada (f)	прилёт (м)	[prilǿt]
llegar (en avión)	прилететь (св, нпх)	[priletét']

| hora (f) de salida | время (с) вылета | [vrém'a vĩleta] |
| hora (f) de llegada | время (с) прилёта | [vrém'a prilǿta] |

| retrasarse (vr) | задерживаться (нсв, возв) | [zadérʒivatsa] |
| retraso (m) de vuelo | задержка (ж) вылета | [zadér∫ka vĩleta] |

pantalla (f) de información	информационное табло (с)	[infɔrmatsiónnɔe tabló]
información (f)	информация (ж)	[infɔrmátsija]
anunciar (vt)	объявлять (нсв, пх)	[ɔbjɪvl'át']
vuelo (m)	рейс (м)	[réjs]

| aduana (f) | таможня (ж) | [tamóʒn'a] |
| aduanero (m) | таможенник (м) | [tamóʒenik] |

declaración (f) de aduana	декларация (ж)	[deklarátsija]
rellenar (vt)	заполнить (св, пх)	[zapólnit']
rellenar la declaración	заполнить декларацию	[zapólnit' deklarátsiju]
control (m) de pasaportes	паспортный контроль (м)	[pásportnij kɔntról']

equipaje (m)	багаж (м)	[bagá∫]
equipaje (m) de mano	ручная кладь (ж)	[rut∫nája klát']
carrito (m) de equipaje	тележка (ж) для багажа	[teléʃka dl'a bagaʒá]

aterrizaje (m)	посадка (ж)	[pɔsátka]
pista (f) de aterrizaje	посадочная полоса (ж)	[pɔsádɔt∫naja pɔlɔsá]
aterrizar (vi)	садиться (нсв, возв)	[sadítsa]
escaleras (f pl) (de avión)	трап (м)	[tráp]

facturación (f) (check-in)	регистрация (ж)	[registrátsija]
mostrador (m) de facturación	стойка (ж) регистрации	[stójka registrátsii]
hacer el check-in	зарегистрироваться (св, возв)	[zaregistrírɔvatsa]

tarjeta (f) de embarque	посадочный талон (м)	[pɔsádɔʧnij talón]
puerta (f) de embarque	выход (м)	[víhɔd]

tránsito (m)	транзит (м)	[tranzít]
esperar (aguardar)	ждать (нсв, пх)	[ʒdátʲ]
zona (f) de preembarque	зал (м) ожидания	[zál ɔʒidánija]
despedir (vt)	провожать (нсв, пх)	[prɔvɔʒátʲ]
despedirse (vr)	прощаться (нсв, возв)	[prɔʃátsa]

24. El avión

avión (m)	самолёт (м)	[samɔlɵt]
billete (m) de avión	авиабилет (м)	[aviabilét]
compañía (f) aérea	авиакомпания (ж)	[avia·kɔmpánija]
aeropuerto (m)	аэропорт (м)	[aɛrɔpórt]
supersónico (adj)	сверхзвуковой	[sverh·zvukɔvój]

comandante (m)	командир (м) корабля	[kɔmandír kɔrablʲá]
tripulación (f)	экипаж (м)	[ɛkipáʃ]
piloto (m)	пилот (м)	[pilót]
azafata (f)	стюардесса (ж)	[stʲuardǽsa]
navegador (m)	штурман (м)	[ʃtúrman]

alas (f pl)	крылья (с мн)	[krílja]
cola (f)	хвост (м)	[hvóst]
cabina (f)	кабина (ж)	[kabína]
motor (m)	двигатель (м)	[dvígatelʲ]
tren (m) de aterrizaje	шасси (с)	[ʃassí]
turbina (f)	турбина (ж)	[turbína]

hélice (f)	пропеллер (м)	[prɔpéller]
caja (f) negra	чёрный ящик (м)	[ʧɵrnij jáʃik]
timón (m)	штурвал (м)	[ʃturvál]
combustible (m)	горючее (с)	[gɔrʲúʧee]

instructivo (m) de seguridad	инструкция по безопасности	[instrúktsija pɔ bezɔpásnɔsti]
respirador (m) de oxígeno	кислородная маска (ж)	[kislɔródnaja máska]
uniforme (m)	униформа (ж)	[unifórma]
chaleco (m) salvavidas	спасательный жилет (м)	[spasátelʲnij ʒilét]
paracaídas (m)	парашют (м)	[paraʃút]

despegue (m)	взлёт (м)	[vzlɵt]
despegar (vi)	взлетать (нсв, нпх)	[vzletátʲ]
pista (f) de despegue	взлётная полоса (ж)	[vzlɵtnaja pɔlasá]

visibilidad (f)	видимость (ж)	[vídimɔstʲ]
vuelo (m)	полёт (м)	[pɔlɵt]
altura (f)	высота (ж)	[visɔtá]
pozo (m) de aire	воздушная яма (ж)	[vɔzdúʃnaja jáma]

asiento (m)	место (c)	[mésto]
auriculares (m pl)	наушники (м мн)	[naúʃniki]
mesita (f) plegable	откидной столик (м)	[otkidnój stólik]
ventana (f)	иллюминатор (м)	[iliuminátor]
pasillo (m)	проход (м)	[prohód]

25. El tren

tren (m)	поезд (м)	[póezd]
tren (m) de cercanías	электричка (ж)	[ɛlektríʧka]
tren (m) rápido	скорый поезд (м)	[skórij póezd]
locomotora (f) diésel	тепловоз (м)	[teplovós]
tren (m) de vapor	паровоз (м)	[parovós]

| coche (m) | вагон (м) | [vagón] |
| coche (m) restaurante | вагон-ресторан (м) | [vagón-restorán] |

rieles (m pl)	рельсы (мн)	[rélisi]
ferrocarril (m)	железная дорога (ж)	[ʒeléznaja doróga]
traviesa (f)	шпала (ж)	[ʃpála]

plataforma (f)	платформа (ж)	[platfórma]
vía (f)	путь (м)	[púti]
semáforo (m)	семафор (м)	[semafór]
estación (f)	станция (ж)	[stántsija]

maquinista (m)	машинист (м)	[maʃiníst]
maletero (m)	носильщик (м)	[nosíliʃik]
mozo (m) del vagón	проводник (м)	[provodník]
pasajero (m)	пассажир (м)	[pasaʒĭr]
revisor (m)	контролёр (м)	[kontrolǿr]

| corredor (m) | коридор (м) | [koridór] |
| freno (m) de urgencia | стоп-кран (м) | [stop-krán] |

compartimiento (m)	купе (c)	[kupǽ]
litera (f)	полка (ж)	[pólka]
litera (f) de arriba	верхняя полка (ж)	[vérhniaja pólka]
litera (f) de abajo	нижняя полка (ж)	[níʒniaja pólka]
ropa (f) de cama	постельное бельё (c)	[postélinoe beljǿ]

billete (m)	билет (м)	[bilét]
horario (m)	расписание (c)	[raspisánie]
pantalla (f) de información	табло (c)	[tabló]

partir (vi)	отходить (нсв, нпх)	[otxodíti]
partida (f) (del tren)	отправление (c)	[otpravlénie]
llegar (tren)	прибывать (нсв, нпх)	[pribiváti]
llegada (f)	прибытие (c)	[pribĭtie]
llegar en tren	приехать поездом	[priéhati póezdom]

tomar el tren	сесть на поезд	[séstʲ na póezd]
bajar del tren	сойти с поезда	[sɔjtí s póezda]
descarrilamiento (m)	крушение (c)	[kruʃǽnie]
descarrilarse (vr)	сойти с рельс	[sɔjtí s rélʲs]
tren (m) de vapor	паровоз (м)	[parɔvós]
fogonero (m)	кочегар (м)	[kɔʧegár]
hogar (m)	топка (ж)	[tópka]
carbón (m)	уголь (м)	[úgɔlʲ]

26. El barco

barco, buque (m)	корабль (м)	[kɔráblʲ]
navío (m)	судно (c)	[súdnɔ]
buque (m) de vapor	пароход (м)	[parɔhód]
motonave (f)	теплоход (м)	[teplɔhód]
trasatlántico (m)	лайнер (м)	[lájner]
crucero (m)	крейсер (м)	[kréjser]
yate (m)	яхта (ж)	[jáhta]
remolcador (m)	буксир (м)	[buksír]
barcaza (f)	баржа (ж)	[barʒá]
ferry (m)	паром (м)	[paróm]
velero (m)	парусник (м)	[párusnik]
bergantín (m)	бригантина (ж)	[brigantína]
rompehielos (m)	ледокол (м)	[ledɔkól]
submarino (m)	подводная лодка (ж)	[pɔdvódnaja lótka]
bote (m) de remo	лодка (ж)	[lótka]
bote (m)	шлюпка (ж)	[ʃlʲúpka]
bote (m) salvavidas	спасательная шлюпка (ж)	[spasátelʲnaja ʃlʲúpka]
lancha (f) motora	катер (м)	[káter]
capitán (m)	капитан (м)	[kapitán]
marinero (m)	матрос (м)	[matrós]
marino (m)	моряк (м)	[mɔrʲák]
tripulación (f)	экипаж (м)	[ɛkipáʃ]
contramaestre (m)	боцман (м)	[bóʦman]
grumete (m)	юнга (м)	[júnga]
cocinero (m) de abordo	кок (м)	[kók]
médico (m) del buque	судовой врач (м)	[sudɔvój vráʧ]
cubierta (f)	палуба (ж)	[páluba]
mástil (m)	мачта (ж)	[máʧta]

vela (f)	парус (м)	[párus]
bodega (f)	трюм (м)	[trʲúm]
proa (f)	нос (м)	[nós]
popa (f)	корма (ж)	[kɔrmá]
remo (m)	весло (с)	[veslʲó]
hélice (f)	винт (м)	[vínt]
camarote (m)	каюта (ж)	[kajúta]
sala (f) de oficiales	кают-компания (ж)	[kajút-kɔmpánija]
sala (f) de máquinas	машинное отделение (с)	[maʃínnɔe ɔtdelénie]
puente (m) de mando	капитанский мостик (м)	[kapitánskij móstik]
sala (f) de radio	радиорубка (ж)	[radio·rúpka]
onda (f)	волна (ж)	[vɔlná]
cuaderno (m) de bitácora	судовой журнал (м)	[sudɔvój ʒurnál]
anteojo (m)	подзорная труба (ж)	[pɔdzórnaja trubá]
campana (f)	колокол (м)	[kólɔkɔl]
bandera (f)	флаг (м)	[flág]
cabo (m) (maroma)	канат (м)	[kanát]
nudo (m)	узел (м)	[úzel]
pasamano (m)	поручень (м)	[pórutʃenʲ]
pasarela (f)	трап (м)	[tráp]
ancla (f)	якорь (м)	[jákɔrʲ]
levar ancla	поднять якорь	[pɔdnʲátʲ jákɔrʲ]
echar ancla	бросить якорь	[brósitʲ jákɔrʲ]
cadena (f) del ancla	якорная цепь (ж)	[jákɔrnaja tsǽpʲ]
puerto (m)	порт (м)	[pórt]
embarcadero (m)	причал (м)	[pritʃál]
amarrar (vt)	причаливать (нсв, нпх)	[pritʃálivatʲ]
desamarrar (vt)	отчаливать (нсв, нпх)	[ɔttʃálivatʲ]
viaje (m)	путешествие (с)	[puteʃǽstvie]
crucero (m) (viaje)	круиз (м)	[kruís]
derrota (f) (rumbo)	курс (м)	[kúrs]
itinerario (m)	маршрут (м)	[marʃrút]
canal (m) navegable	фарватер (м)	[farvátɛr]
bajío (m)	мель (ж)	[mélʲ]
encallar (vi)	сесть на мель	[séstʲ na mélʲ]
tempestad (f)	буря (ж)	[búrʲa]
señal (f)	сигнал (м)	[signál]
hundirse (vr)	тонуть (нсв, нпх)	[tɔnútʲ]
¡Hombre al agua!	Человек за бортом!	[tʃelɔvék za bórtɔm]
SOS	SOS (м)	[sós]
aro (m) salvavidas	спасательный круг (м)	[spasátelʲnij krúg]

LA CIUDAD

T&P Books Publishing

27. El transporte urbano

autobús (m)	автобус (м)	[aftóbus]
tranvía (m)	трамвай (м)	[tramváj]
trolebús (m)	троллейбус (м)	[trɔléjbus]
itinerario (m)	маршрут (м)	[marʃrút]
número (m)	номер (м)	[nómer]
ir en ...	ехать на ... (нсв)	[éhatⁱ na ...]
tomar (~ el autobús)	сесть на ... (св)	[séstⁱ na ...]
bajar (~ del tren)	сойти с ... (св)	[sɔjtí s ...]
parada (f)	остановка (ж)	[ɔstanófka]
próxima parada (f)	следующая остановка (ж)	[sléduʃʲaja ɔstanófka]
parada (f) final	конечная остановка (ж)	[kɔnéʧnaja ɔstanófka]
horario (m)	расписание (с)	[raspisánie]
esperar (aguardar)	ждать (нсв, пх)	[ʒdátⁱ]
billete (m)	билет (м)	[bilét]
precio (m) del billete	стоимость (ж) билета	[stóimɔstⁱ biléta]
cajero (m)	кассир (м)	[kassír]
control (m) de billetes	контроль (м)	[kɔntrólⁱ]
revisor (m)	контролёр (м)	[kɔntrɔlǿr]
llegar tarde (vi)	опаздывать на ... (нсв, нпх)	[ɔpázdivatⁱ na ...]
perder (~ el tren)	опоздать на ... (св, нпх)	[ɔpɔzdátⁱ na ...]
tener prisa	спешить (нсв, нпх)	[speʃítⁱ]
taxi (m)	такси (с)	[taksí]
taxista (m)	таксист (м)	[taksíst]
en taxi	на такси	[na taksí]
parada (f) de taxi	стоянка (ж) такси	[stɔjánka taksí]
llamar un taxi	вызвать такси	[vȳzvatⁱ taksí]
tomar un taxi	взять такси	[vzⁱátⁱ taksí]
tráfico (m)	уличное движение (с)	[úliʧnɔe dviʒǽnie]
atasco (m)	пробка (ж)	[própka]
horas (f pl) de punta	часы пик (м)	[ʧasȳ pík]
aparcar (vi)	парковаться (нсв, возв)	[parkɔvátsa]
aparcar (vt)	парковать (нсв, пх)	[parkɔvátⁱ]
aparcamiento (m)	стоянка (ж)	[stɔjánka]
metro (m)	метро (с)	[metró]
estación (f)	станция (ж)	[stánʦija]

ir en el metro	ехать на метро	[éhatʲ na metró]
tren (m)	поезд (м)	[póezd]
estación (f)	вокзал (м)	[vɔkzál]

28. La ciudad. La vida en la ciudad

ciudad (f)	город (м)	[górɔd]
capital (f)	столица (ж)	[stɔlítsa]
aldea (f)	деревня (ж)	[derévnʲa]

plano (m) de la ciudad	план (м) города	[plán górɔda]
centro (m) de la ciudad	центр (м) города	[ts̻ǽntr górɔda]
suburbio (m)	пригород (м)	[prígɔrɔd]
suburbano (adj)	пригородный	[prígɔrɔdnɨj]

arrabal (m)	окраина (ж)	[ɔkráina]
afueras (f pl)	окрестности (ж мн)	[ɔkrésnɔsti]
barrio (m)	квартал (м)	[kvartál]
zona (f) de viviendas	жилой квартал (м)	[ʒilój kvartál]

tráfico (m)	движение (с)	[dviʒǽnie]
semáforo (m)	светофор (м)	[svetɔfór]
transporte (m) urbano	городской транспорт (м)	[gɔrɔtskój tránspɔrt]
cruce (m)	перекрёсток (м)	[perekrǿstɔk]

paso (m) de peatones	переход (м)	[perehód]
paso (m) subterráneo	подземный переход (м)	[pɔdzémnɨj perehód]
cruzar (vt)	переходить (нсв, н/пх)	[perehɔdítʲ]
peatón (m)	пешеход (м)	[peʃehód]
acera (f)	тротуар (м)	[trɔtuár]

puente (m)	мост (м)	[móst]
muelle (m)	набережная (ж)	[nábereʒnaja]
fuente (f)	фонтан (м)	[fɔntán]

alameda (f)	аллея (ж)	[aléja]
parque (m)	парк (м)	[párk]
bulevar (m)	бульвар (м)	[bulʲvár]
plaza (f)	площадь (ж)	[plóʃʲatʲ]
avenida (f)	проспект (м)	[prɔspékt]
calle (f)	улица (ж)	[úliʦa]
callejón (m)	переулок (м)	[pereúlɔk]
callejón (m) sin salida	тупик (м)	[tupík]

casa (f)	дом (м)	[dóm]
edificio (m)	здание (с)	[zdánie]
rascacielos (m)	небоскрёб (м)	[nebɔskrǿb]

| fachada (f) | фасад (м) | [fasád] |
| techo (m) | крыша (ж) | [krɨ̄ʃa] |

ventana (f)	окно (c)	[ɔknó]
arco (m)	арка (ж)	[árka]
columna (f)	колонна (ж)	[kɔlóna]
esquina (f)	угол (м)	[úgɔl]
escaparate (f)	витрина (ж)	[vitrína]
letrero (m) (~ luminoso)	вывеска (ж)	[vīveska]
cartel (m)	афиша (ж)	[afíʃa]
cartel (m) publicitario	рекламный плакат (м)	[reklámnij plakát]
valla (f) publicitaria	рекламный щит (м)	[reklámnij ʃít]
basura (f)	мусор (м)	[músɔr]
cajón (m) de basura	урна (ж)	[úrna]
tirar basura	сорить (нсв, нпх)	[sɔrítʲ]
basurero (m)	свалка (ж)	[sválka]
cabina (f) telefónica	телефонная будка (ж)	[telefónnaja bútka]
farola (f)	фонарный столб (м)	[fɔnárnij stólb]
banco (m) (del parque)	скамейка (ж)	[skaméjka]
policía (m)	полицейский (м)	[pɔlitsǽjskij]
policía (f) (~ nacional)	полиция (ж)	[pɔlítsija]
mendigo (m)	нищий (м)	[níʃij]
persona (f) sin hogar	бездомный (м)	[bezdómnij]

29. Las instituciones urbanas

tienda (f)	магазин (м)	[magazín]
farmacia (f)	аптека (ж)	[aptéka]
óptica (f)	оптика (ж)	[óptika]
centro (m) comercial	торговый центр (м)	[tɔrgóvij tsǽntr]
supermercado (m)	супермаркет (м)	[supermárket]
panadería (f)	булочная (ж)	[búlɔtʃnaja]
panadero (m)	пекарь (м)	[pékarʲ]
pastelería (f)	кондитерская (ж)	[kɔndíterskaja]
tienda (f) de comestibles	продуктовый магазин (м)	[prɔduktóvij magazín]
carnicería (f)	мясная лавка (ж)	[mısnája láfka]
verdulería (f)	овощная лавка (ж)	[ɔvɔʃnája láfka]
mercado (m)	рынок (м)	[rīnɔk]
cafetería (f)	кафе (c)	[kafǽ]
restaurante (m)	ресторан (м)	[restɔrán]
cervecería (f)	пивная (ж)	[pivnája]
pizzería (f)	пиццерия (ж)	[pitsǽrija], [pitsɛríja]
peluquería (f)	парикмахерская (ж)	[parihmáherskaja]
oficina (f) de correos	почта (ж)	[pótʃta]

tintorería (f)	химчистка (ж)	[himtʃístka]
estudio (m) fotográfico	фотоателье (c)	[foto·atɛljé]
zapatería (f)	обувной магазин (м)	[ɔbuvnój magazín]
librería (f)	книжный магазин (м)	[kníʒnij magazín]
tienda (f) deportiva	спортивный магазин (м)	[spɔrtívnij magazín]

arreglos (m pl) de ropa	ремонт (м) одежды	[remónt ɔdéʒdi]
alquiler (m) de ropa	прокат (м) одежды	[prɔkát ɔdéʒdi]
videoclub (m)	прокат (м) фильмов	[prɔkát fílʲmɔf]

circo (m)	цирк (м)	[tsїrk]
zoológico (m)	зоопарк (м)	[zɔɔpárk]
cine (m)	кинотеатр (м)	[kinɔteátr]
museo (m)	музей (м)	[muzéj]
biblioteca (f)	библиотека (ж)	[bibliɔtéka]

teatro (m)	театр (м)	[teátr]
ópera (f)	опера (ж)	[ópera]
club (m) nocturno	ночной клуб (м)	[nɔtʃnój klúb]
casino (m)	казино (c)	[kazinó]
mezquita (f)	мечеть (ж)	[metʃétʲ]
sinagoga (f)	синагога (ж)	[sinagóga]
catedral (f)	собор (м)	[sɔbór]
templo (m)	храм (м)	[hrám]
iglesia (f)	церковь (ж)	[tsǽrkɔfʲ]

instituto (m)	институт (м)	[institút]
universidad (f)	университет (м)	[universitét]
escuela (f)	школа (ж)	[ʃkóla]

prefectura (f)	префектура (ж)	[prefektúra]
alcaldía (f)	мэрия (ж)	[mǽrija]
hotel (m)	гостиница (ж)	[gostínitsa]
banco (m)	банк (м)	[bánk]

embajada (f)	посольство (c)	[pɔsólʲstvɔ]
agencia (f) de viajes	турагентство (c)	[tur·agénstvɔ]
oficina (f) de información	справочное бюро (c)	[správɔtʃnɔe bʲuró]
oficina (f) de cambio	обменный пункт (м)	[ɔbménnij púnkt]

| metro (m) | метро (c) | [metró] |
| hospital (m) | больница (ж) | [bɔlʲnítsa] |

| gasolinera (f) | автозаправка (ж) | [aftɔ·zapráfka] |
| aparcamiento (m) | стоянка (ж) | [stɔjánka] |

30. Los avisos

| letrero (m) (~ luminoso) | вывеска (ж) | [vїveska] |
| cartel (m) (texto escrito) | надпись (ж) | [nátpisʲ] |

pancarta (f)	плакат, постер (м)	[plakát], [póstɛr]
señal (m) de dirección	указатель (м)	[ukazátelʲ]
flecha (f) (signo)	стрелка (ж)	[strélka]

advertencia (f)	предостережение (с)	[predɔsterezǽnie]
aviso (m)	предупреждение (с)	[predupreʒdénie]
advertir (vt)	предупредить (св, пх)	[predupredítʲ]

día (m) de descanso	выходной день (м)	[vihɔdnój dénʲ]
horario (m)	расписание (с)	[raspisánie]
horario (m) de apertura	часы (мн) работы	[tʃasɨ rabóti]

¡BIENVENIDOS!	ДОБРО ПОЖАЛОВАТЬ!	[dɔbró pɔʒálɔvatʲ]
ENTRADA	ВХОД	[fhód]
SALIDA	ВЫХОД	[vɨhɔd]

EMPUJAR	ОТ СЕБЯ	[ɔt sebʲá]
TIRAR	НА СЕБЯ	[na sebʲá]
ABIERTO	ОТКРЫТО	[ɔtkrɨtɔ]
CERRADO	ЗАКРЫТО	[zakrɨtɔ]

| MUJERES | ДЛЯ ЖЕНЩИН | [dlʲa ʒǽnʃin] |
| HOMBRES | ДЛЯ МУЖЧИН | [dlʲa muʃín] |

REBAJAS	СКИДКИ	[skítki]
SALDOS	РАСПРОДАЖА	[rasprɔdáʒa]
NOVEDAD	НОВИНКА!	[nɔvínka]
GRATIS	БЕСПЛАТНО	[besplátnɔ]

¡ATENCIÓN!	ВНИМАНИЕ!	[vnimánie]
COMPLETO	МЕСТ НЕТ	[mést nét]
RESERVADO	ЗАРЕЗЕРВИРОВАНО	[zarezervírɔvanɔ]

ADMINISTRACIÓN	АДМИНИСТРАЦИЯ	[administrátsija]
SÓLO PERSONAL	ТОЛЬКО	[tólʲkɔ dlʲa
AUTORIZADO	ДЛЯ ПЕРСОНАЛА	persɔnála]

CUIDADO CON EL PERRO	ЗЛАЯ СОБАКА	[zlája sɔbáka]
PROHIBIDO FUMAR	НЕ КУРИТЬ!	[ne kurítʲ]
NO TOCAR	РУКАМИ НЕ ТРОГАТЬ!	[rukámi ne trógatʲ]

PELIGROSO	ОПАСНО	[ɔpásnɔ]
PELIGRO	ОПАСНОСТЬ	[ɔpásnostʲ]
ALTA TENSIÓN	ВЫСОКОЕ НАПРЯЖЕНИЕ	[visókɔe naprɨʒǽnie]
PROHIBIDO BAÑARSE	КУПАТЬСЯ ЗАПРЕЩЕНО	[kupátsa zapreʃenó]
NO FUNCIONA	НЕ РАБОТАЕТ	[ne rabótaet]

| INFLAMABLE | ОГНЕОПАСНО | [ɔgneɔpásnɔ] |
| PROHIBIDO | ЗАПРЕЩЕНО | [zapreʃenó] |

| PROHIBIDO EL PASO | **ПРОХОД ЗАПРЕЩЁН** | [prɔhót zapreʃǿn] |
| RECIÉN PINTADO | **ОКРАШЕНО** | [ɔkráʃɛnɔ] |

31. Las compras

comprar (vt)	**покупать** (нсв, пх)	[pɔkupátʲ]
compra (f)	**покупка** (ж)	[pɔkúpka]
hacer compras	**делать покупки**	[délatʲ pɔkúpki]
compras (f pl)	**шоппинг** (м)	[ʃóping]

| estar abierto (tienda) | **работать** (нсв, нпх) | [rabótatʲ] |
| estar cerrado | **закрыться** (св, возв) | [zakrʲĭtsa] |

calzado (m)	**обувь** (ж)	[óbufʲ]
ropa (f)	**одежда** (ж)	[ɔdéʒda]
cosméticos (m pl)	**косметика** (ж)	[kɔsmétika]
productos alimenticios	**продукты** (мн)	[prɔdúkti]
regalo (m)	**подарок** (м)	[pɔdárɔk]

| vendedor (m) | **продавец** (м) | [prɔdavéts] |
| vendedora (f) | **продавщица** (ж) | [prɔdafʲítsa] |

caja (f)	**касса** (ж)	[kássa]
espejo (m)	**зеркало** (с)	[zérkalɔ]
mostrador (m)	**прилавок** (м)	[prilávɔk]
probador (m)	**примерочная** (ж)	[primérɔtʃnaja]

probar (un vestido)	**примерить** (св, пх)	[priméritʲ]
quedar (una ropa, etc.)	**подходить** (нсв, нпх)	[pɔtxɔdítʲ]
gustar (vi)	**нравиться** (нсв, возв)	[nrávitsa]

precio (m)	**цена** (ж)	[tsɛná]
etiqueta (f) de precio	**ценник** (м)	[tsǽnnik]
costar (vt)	**стоить** (нсв, пх)	[stóitʲ]
¿Cuánto?	**Сколько?**	[skólʲkɔ?]
descuento (m)	**скидка** (ж)	[skítka]

no costoso (adj)	**недорогой**	[nedɔrɔgój]
barato (adj)	**дешёвый**	[deʃóvij]
caro (adj)	**дорогой**	[dɔrɔgój]
Es caro	**Это дорого.**	[ǽtɔ dórɔgɔ]

alquiler (m)	**прокат** (м)	[prɔkát]
alquilar (vt)	**взять напрокат**	[vzʲátʲ naprɔkát]
crédito (m)	**кредит** (м)	[kredít]
a crédito (adv)	**в кредит**	[f kredít]

T&P BOOKS

LA ROPA Y
LOS ACCESORIOS

T&P Books Publishing

32. La ropa exterior. Los abrigos

ropa (f)	одежда (ж)	[ɔdéʒda]
ropa (f) de calle	верхняя одежда (ж)	[vérhnʲaja ɔdéʒda]
ropa (f) de invierno	зимняя одежда (ж)	[zímnʲaja ɔdéʒda]
abrigo (m)	пальто (с)	[palʲtó]
abrigo (m) de piel	шуба (ж)	[ʃúba]
abrigo (m) corto de piel	полушубок (м)	[pɔluʃúbɔk]
chaqueta (f) plumón	пуховик (м)	[puhɔvík]
cazadora (f)	куртка (ж)	[kúrtka]
impermeable (m)	плащ (м)	[pláʃʲ]
impermeable (adj)	непромокаемый	[neprɔmɔkáemij]

33. Ropa de hombre y mujer

camisa (f)	рубашка (ж)	[rubáʃka]
pantalones (m pl)	брюки (мн)	[brʲúki]
jeans, vaqueros (m pl)	джинсы (мн)	[dʒĩnsi]
chaqueta (f), saco (m)	пиджак (м)	[pidʒák]
traje (m)	костюм (м)	[kɔstʲúm]
vestido (m)	платье (с)	[plátje]
falda (f)	юбка (ж)	[júpka]
blusa (f)	блузка (ж)	[blúska]
rebeca (f),	кофта (ж)	[kófta]
chaqueta (f) de punto		
chaqueta (f)	жакет (м)	[ʒakét]
camiseta (f) (T-shirt)	футболка (ж)	[futbólka]
pantalones (m pl) cortos	шорты (мн)	[ʃórti]
traje (m) deportivo	спортивный костюм (м)	[sportívnij kɔstʲúm]
bata (f) de baño	халат (м)	[halát]
pijama (m)	пижама (ж)	[piʒáma]
suéter (m)	свитер (м)	[svítɛr]
pulóver (m)	пуловер (м)	[pulóver]
chaleco (m)	жилет (м)	[ʒilét]
frac (m)	фрак (м)	[frák]
esmoquin (m)	смокинг (м)	[smóking]
uniforme (m)	форма (ж)	[fórma]
ropa (f) de trabajo	рабочая одежда (ж)	[rabótʃaja ɔdéʒda]

| mono (m) | комбинезон (м) | [kɔmbinezón] |
| bata (f) (p. ej. ~ blanca) | халат (м) | [halát] |

34. La ropa. La ropa interior

ropa (f) interior	бельё (c)	[beljǿ]
bóxer (m)	трусы (м)	[trusɨ́]
bragas (f pl)	бельё (c)	[beljǿ]
camiseta (f) interior	майка (ж)	[májka]
calcetines (m pl)	носки (мн)	[nɔskí]

camisón (m)	ночная рубашка (ж)	[nɔtʃnája rubáʃka]
sostén (m)	бюстгальтер (м)	[bʲusgálʲter]
calcetines (m pl) altos	гольфы (мн)	[gólʲfɨ]
pantimedias (f pl)	колготки (мн)	[kɔlgótki]
medias (f pl)	чулки (мн)	[tʃulkí]
traje (m) de baño	купальник (м)	[kupálʲnik]

35. Gorras

gorro (m)	шапка (ж)	[ʃápka]
sombrero (m) de fieltro	шляпа (ж)	[ʃlʲápa]
gorra (f) de béisbol	бейсболка (ж)	[bejzbólka]
gorra (f) plana	кепка (ж)	[képka]

boina (f)	берет (м)	[berét]
capuchón (m)	капюшон (м)	[kapʲuʃón]
panamá (m)	панамка (ж)	[panámka]
gorro (m) de punto	вязаная шапочка (ж)	[vʲázanaja ʃápotʃka]

| pañuelo (m) | платок (м) | [platók] |
| sombrero (m) de mujer | шляпка (ж) | [ʃlʲápka] |

casco (m) (~ protector)	каска (ж)	[káska]
gorro (m) de campaña	пилотка (ж)	[pilótka]
casco (m) (~ de moto)	шлем (м)	[ʃlém]

| bombín (m) | котелок (м) | [kɔtelók] |
| sombrero (m) de copa | цилиндр (м) | [tsɨlíndr] |

36. El calzado

calzado (m)	обувь (ж)	[óbufʲ]
botas (f pl)	ботинки (мн)	[bɔtínki]
zapatos (m pl) (~ de tacón bajo)	туфли (мн)	[túfli]

botas (f pl) altas	сапоги (мн)	[sapɔgí]
zapatillas (f pl)	тапочки (мн)	[tápɔtʃki]
tenis (m pl)	кроссовки (мн)	[krɔsófki]
zapatillas (f pl) de lona	кеды (мн)	[kédi]
sandalias (f pl)	сандалии (мн)	[sandálii]
zapatero (m)	сапожник (м)	[sapóʒnik]
tacón (m)	каблук (м)	[kablúk]
par (m)	пара (ж)	[pára]
cordón (m)	шнурок (м)	[ʃnurók]
encordonar (vt)	шнуровать (нсв, пх)	[ʃnurɔvátʲ]
calzador (m)	рожок (м)	[rɔʒók]
betún (m)	крем (м) для обуви	[krém dlʲa óbuvi]

37. Accesorios personales

guantes (m pl)	перчатки (ж мн)	[pertʃátki]
manoplas (f pl)	варежки (ж мн)	[váreʃki]
bufanda (f)	шарф (м)	[ʃárf]
gafas (f pl)	очки (мн)	[ɔtʃkí]
montura (f)	оправа (ж)	[ɔpráva]
paraguas (m)	зонт (м)	[zónt]
bastón (m)	трость (ж)	[tróstʲ]
cepillo (m) de pelo	щётка (ж) для волос	[ʃʲɵtka dlʲa vɔlós]
abanico (m)	веер (м)	[véer]
corbata (f)	галстук (м)	[gálstuk]
pajarita (f)	галстук-бабочка (м)	[gálstuk-bábɔtʃka]
tirantes (m pl)	подтяжки (мн)	[pottʲáʃki]
moquero (m)	носовой платок (м)	[nɔsɔvój platók]
peine (m)	расчёска (ж)	[raʃɵska]
pasador (m) de pelo	заколка (ж)	[zakólka]
horquilla (f)	шпилька (ж)	[ʃpílʲka]
hebilla (f)	пряжка (ж)	[prʲáʃka]
cinturón (m)	пояс (м)	[pójas]
correa (f) (de bolso)	ремень (м)	[reménʲ]
bolsa (f)	сумка (ж)	[súmka]
bolso (m)	сумочка (ж)	[súmɔtʃka]
mochila (f)	рюкзак (м)	[rʲukzák]

38. La ropa. Miscelánea

moda (f)	мода (ж)	[móda]
de moda (adj)	модный	[módnij]

diseñador (m) de moda	модельер (м)	[mɔdɛljér]
cuello (m)	воротник (м)	[vɔrotník]
bolsillo (m)	карман (м)	[karmán]
de bolsillo (adj)	карманный	[karmánnij]
manga (f)	рукав (м)	[rukáf]
presilla (f)	вешалка (ж)	[véʃəlka]
bragueta (f)	ширинка (ж)	[ʃirínka]

cremallera (f)	молния (ж)	[mólnija]
cierre (m)	застёжка (ж)	[zastɵʃka]
botón (m)	пуговица (ж)	[púgɔvitsa]
ojal (m)	петля (ж)	[petlʲá]
saltar (un botón)	оторваться (св, возв)	[ɔtɔrvátsa]

coser (vi, vt)	шить (нсв, н/пх)	[ʃítʲ]
bordar (vt)	вышивать (нсв, н/пх)	[víʃivátʲ]
bordado (m)	вышивка (ж)	[víʃifka]
aguja (f)	иголка (ж)	[igólka]
hilo (m)	нитка (ж)	[nítka]
costura (f)	шов (м)	[ʃóf]

ensuciarse (vr)	испачкаться (св, возв)	[ispátʃkatsa]
mancha (f)	пятно (с)	[pɪtnó]
arrugarse (vr)	помяться (нсв, возв)	[pɔmʲátsa]
rasgar (vt)	порвать (св, пх)	[pɔrvátʲ]
polilla (f)	моль (м)	[mólʲ]

39. Productos personales. Cosméticos

pasta (f) de dientes	зубная паста (ж)	[zubnája pásta]
cepillo (m) de dientes	зубная щётка (ж)	[zubnája ʃɵtka]
limpiarse los dientes	чистить зубы	[tʃístitʲ zúbi]

maquinilla (f) de afeitar	бритва (ж)	[brítva]
crema (f) de afeitar	крем (м) для бритья	[krém dlʲa britjá]
afeitarse (vr)	бриться (нсв, возв)	[brítsa]

| jabón (m) | мыло (с) | [mĩlɔ] |
| champú (m) | шампунь (м) | [ʃampúnʲ] |

tijeras (f pl)	ножницы (мн)	[nóʒnitsi]
lima (f) de uñas	пилочка (ж) для ногтей	[pílɔtʃka dlʲa nɔktéj]
cortaúñas (m pl)	щипчики (мн)	[ʃíptʃiki]
pinzas (f pl)	пинцет (м)	[pintsæt]

cosméticos (m pl)	косметика (ж)	[kɔsmétika]
mascarilla (f)	маска (ж)	[máska]
manicura (f)	маникюр (м)	[manikʲúr]
hacer la manicura	делать маникюр	[délatʲ manikʲúr]
pedicura (f)	педикюр (м)	[pedikʲúr]

bolsa (f) de maquillaje	косметичка (ж)	[kɔsmetít͡ʃka]
polvos (m pl)	пудра (ж)	[púdra]
polvera (f)	пудреница (ж)	[púdrenit͡sa]
colorete (m), rubor (m)	румяна (ж)	[rumʲána]
perfume (m)	духи (мн)	[duhí]
agua (f) de tocador	туалетная вода (ж)	[tualétnaja vɔdá]
loción (f)	лосьон (м)	[lɔsjón]
agua (f) de Colonia	одеколон (м)	[ɔdekɔlón]
sombra (f) de ojos	тени (мн) для век	[téni dlʲa vék]
lápiz (m) de ojos	карандаш (м) для глаз	[karandáʃ dlʲa glás]
rímel (m)	тушь (ж)	[túʃ]
pintalabios (m)	губная помада (ж)	[gubnája pɔmáda]
esmalte (m) de uñas	лак (м) для ногтей	[lák dlʲa nɔktéj]
fijador (m) para el pelo	лак (м) для волос	[lák dlʲa vɔlós]
desodorante (m)	дезодорант (м)	[dezɔdɔránt]
crema (f)	крем (м)	[krém]
crema (f) de belleza	крем (м) для лица	[krém dlʲa lit͡sá]
crema (f) de manos	крем (м) для рук	[krém dlʲa rúk]
crema (f) antiarrugas	крем (м) против морщин	[krém prótif mɔrʃín]
crema (f) de día	дневной крем (м)	[dnevnój krém]
crema (f) de noche	ночной крем (м)	[nɔt͡ʃnój krém]
de día (adj)	дневной	[dnevnój]
de noche (adj)	ночной	[nɔt͡ʃnój]
tampón (m)	тампон (м)	[tampón]
papel (m) higiénico	туалетная бумага (ж)	[tualétnaja bumága]
secador (m) de pelo	фен (м)	[fén]

40. Los relojes

reloj (m)	часы (мн)	[t͡ʃasɨ]
esfera (f)	циферблат (м)	[t͡siferblát]
aguja (f)	стрелка (ж)	[strélka]
pulsera (f)	браслет (м)	[braslét]
correa (f) (del reloj)	ремешок (м)	[remeʃók]
pila (f)	батарейка (ж)	[bataréjka]
descargarse (vr)	сесть (св, нпх)	[séstʲ]
cambiar la pila	поменять батарейку	[pɔmenʲátʲ bataréjku]
adelantarse (vr)	спешить (нсв, нпх)	[speʃítʲ]
retrasarse (vr)	отставать (нсв, нпх)	[ɔtstavátʲ]
reloj (m) de pared	настенные часы (мн)	[nasténnie t͡ʃasɨ]
reloj (m) de arena	песочные часы (мн)	[pesót͡ʃnie t͡ʃasɨ]
reloj (m) de sol	солнечные часы (мн)	[sólnet͡ʃnie t͡ʃasɨ]
despertador (m)	будильник (м)	[budílʲnik]

| relojero (m) | часовщик (м) | [ʧasɔfʲík] |
| reparar (vt) | ремонтировать (нсв, пх) | [remɔntírɔvatʲ] |

LA EXPERIENCIA DIARIA

T&P Books Publishing

41. El dinero

dinero (m)	деньги (мн)	[dénⁱgi]
cambio (m)	обмен (м)	[ɔbmén]
curso (m)	курс (м)	[kúrs]
cajero (m) automático	банкомат (м)	[bankɔmát]
moneda (f)	монета (ж)	[mɔnéta]
dólar (m)	доллар (м)	[dólar]
euro (m)	евро (с)	[évrɔ]
lira (f)	лира (ж)	[líra]
marco (m) alemán	марка (ж)	[márka]
franco (m)	франк (м)	[fránk]
libra esterlina (f)	фунт стерлингов (м)	[fúnt stérlingɔf]
yen (m)	йена (ж)	[jéna]
deuda (f)	долг (м)	[dólg]
deudor (m)	должник (м)	[dɔlʒník]
prestar (vt)	дать в долг	[dátⁱ v dólg]
tomar prestado	взять в долг	[vzⁱátⁱ v dólg]
banco (m)	банк (м)	[bánk]
cuenta (f)	счёт (м)	[ʃʲót]
ingresar (~ en la cuenta)	положить (св, пх)	[pɔlɔʒítⁱ]
ingresar en la cuenta	положить на счёт	[pɔlɔʒítⁱ na ʃʲót]
sacar de la cuenta	снять со счёта	[snⁱátⁱ sɔ ʃʲóta]
tarjeta (f) de crédito	кредитная карта (ж)	[kredítnaja kárta]
dinero (m) en efectivo	наличные деньги (мн)	[nalítʃnie dénⁱgi]
cheque (m)	чек (м)	[tʃék]
sacar un cheque	выписать чек	[vⁱɪpisatⁱ tʃék]
talonario (m)	чековая книжка (ж)	[tʃékɔvaja kníʃka]
cartera (f)	бумажник (м)	[bumáʒnik]
monedero (m)	кошелёк (м)	[kɔʃɛlók]
caja (f) fuerte	сейф (м)	[séjf]
heredero (m)	наследник (м)	[naslédnik]
herencia (f)	наследство (с)	[naslétstvɔ]
fortuna (f)	состояние (с)	[sɔstɔjánie]
arriendo (m)	аренда (ж)	[arénda]
alquiler (m) (dinero)	квартирная плата (ж)	[kvartírnaja pláta]
alquilar (~ una casa)	снимать (нсв, пх)	[snimátⁱ]
precio (m)	цена (ж)	[tsɛná]

| coste (m) | стоимость (ж) | [stóimɔstʲ] |
| suma (f) | сумма (ж) | [súmma] |

gastar (vt)	тратить (нсв, пх)	[trátitʲ]
gastos (m pl)	расходы (мн)	[rasxódi]
economizar (vi, vt)	экономить (нсв, н/пх)	[ɛkɔnómitʲ]
económico (adj)	экономный	[ɛkɔnómnij]

pagar (vi, vt)	платить (нсв, н/пх)	[platítʲ]
pago (m)	оплата (ж)	[ɔpláta]
cambio (m) (devolver el ~)	сдача (ж)	[zdátʃa]

impuesto (m)	налог (м)	[nalóg]
multa (f)	штраф (м)	[ʃtráf]
multar (vt)	штрафовать (нсв, пх)	[ʃtrafɔvátʲ]

42. La oficina de correos

oficina (f) de correos	почта (ж)	[pótʃta]
correo (m) (cartas, etc.)	почта (ж)	[pótʃta]
cartero (m)	почтальон (м)	[pɔtʃtaljón]
horario (m) de apertura	часы (мн) работы	[tʃasī rabóti]

carta (f)	письмо (с)	[pisʲmó]
carta (f) certificada	заказное письмо (с)	[zakaznóe pisʲmó]
tarjeta (f) postal	открытка (ж)	[ɔtkrītka]
telegrama (m)	телеграмма (ж)	[telegráma]
paquete (m) postal	посылка (ж)	[pɔsīlka]
giro (m) postal	денежный перевод (м)	[dénезnij perevód]

recibir (vt)	получить (св, пх)	[pɔlutʃítʲ]
enviar (vt)	отправить (св, пх)	[ɔtprávitʲ]
envío (m)	отправка (ж)	[ɔtpráfka]
dirección (f)	адрес (м)	[ádres]
código (m) postal	индекс (м)	[índɛks]
expedidor (m)	отправитель (м)	[ɔtpravítelʲ]
destinatario (m)	получатель (м)	[pɔlutʃátelʲ]

| nombre (m) | имя (с) | [ímʲa] |
| apellido (m) | фамилия (ж) | [famílija] |

tarifa (f)	тариф (м)	[taríf]
ordinario (adj)	обычный	[ɔbītʃnij]
económico (adj)	экономичный	[ɛkɔnɔmítʃnij]

peso (m)	вес (м)	[vés]
pesar (~ una carta)	взвешивать (нсв, пх)	[vzvéʃivatʲ]
sobre (m)	конверт (м)	[kɔnvért]
sello (m)	марка (ж)	[márka]
poner un sello	наклеивать марку	[nakléivatʲ márku]

43. La banca

banco (m)	банк (м)	[bánk]
sucursal (f)	отделение (c)	[ɔtdelénie]
consultor (m)	консультант (м)	[kɔnsulʲtánt]
gerente (m)	управляющий (м)	[upravlʲájuʃij]
cuenta (f)	счёт (м)	[ʃót]
numero (m) de la cuenta	номер (м) счёта	[nómer ʃóta]
cuenta (f) corriente	текущий счёт (м)	[tekúʃij ʃót]
cuenta (f) de ahorros	накопительный счёт (м)	[nakɔpítelʲnij ʃót]
abrir una cuenta	открыть счёт	[ɔtkrítʲ ʃót]
cerrar la cuenta	закрыть счёт	[zakrítʲ ʃót]
ingresar en la cuenta	положить на счёт	[pɔlɔʒítʲ na ʃót]
sacar de la cuenta	снять со счёта	[snʲátʲ sɔ ʃóta]
depósito (m)	вклад (м)	[fklád]
hacer un depósito	сделать вклад	[zdélatʲ fklád]
giro (m) bancario	перевод (м)	[perevód]
hacer un giro	сделать перевод	[zdélatʲ perevód]
suma (f)	сумма (ж)	[súmma]
¿Cuánto?	Сколько?	[skólʲkɔ?]
firma (f) (nombre)	подпись (ж)	[pótpisʲ]
firmar (vt)	подписать (св, пх)	[pɔtpisátʲ]
tarjeta (f) de crédito	кредитная карта (ж)	[kredítnaja kárta]
código (m)	код (м)	[kód]
número (m) de tarjeta de crédito	номер (м) кредитной карты	[nómer kredítnɔj kárti]
cajero (m) automático	банкомат (м)	[bankɔmát]
cheque (m)	чек (м)	[ʧék]
sacar un cheque	выписать чек	[vípisatʲ ʧék]
talonario (m)	чековая книжка (ж)	[ʧékɔvaja kníʃka]
crédito (m)	кредит (м)	[kredít]
pedir el crédito	обращаться за кредитом	[ɔbraʃátsa za kredítɔm]
obtener un crédito	брать кредит	[brátʲ kredít]
conceder un crédito	предоставлять кредит	[predɔstavlʲátʲ kredít]
garantía (f)	гарантия (ж)	[garántija]

44. El teléfono. Las conversaciones telefónicas

teléfono (m)	телефон (м)	[telefón]
teléfono (m) móvil	мобильный телефон (м)	[mɔbílʲnij telefón]

contestador (m)	автоответчик (м)	[áftɔ·ɔtvéttʃik]
llamar, telefonear	звонить (нсв, н/пх)	[zvɔníti]
llamada (f)	звонок (м)	[zvɔnók]

marcar un número	набрать номер	[nabráti nómer]
¿Sí?, ¿Dígame?	Алло!	[aló]
preguntar (vt)	спросить (св, пх)	[sprɔsíti]
responder (vi, vt)	ответить (св, пх)	[ɔtvétiti]

oír (vt)	слышать (нсв, пх)	[slīʃati]
bien (adv)	хорошо	[hɔrɔʃó]
mal (adv)	плохо	[plóhɔ]
ruidos (m pl)	помехи (ж мн)	[pɔméhi]

auricular (m)	трубка (ж)	[trúpka]
descolgar (el teléfono)	снять трубку	[sniáti trúpku]
colgar el auricular	положить трубку	[pɔlɔʒíti trúpku]

ocupado (adj)	занятый	[zánɪtij]
sonar (teléfono)	звонить (нсв, нпх)	[zvɔníti]
guía (f) de teléfonos	телефонная книга (ж)	[telefónnaja kníga]

local (adj)	местный	[mésnij]
llamada (f) local	местный звонок (м)	[mésnij zvɔnók]
de larga distancia	междугородний	[meʒdugɔródnij]
llamada (f)	междугородний	[meʒdugɔródnij
de larga distancia	звонок (м)	zvɔnók]
internacional (adj)	международный	[meʒdunaródnij]
llamada (f) internacional	международный	[meʒdunaródnij
	звонок	zvɔnók]

45. El teléfono celular

teléfono (m) móvil	мобильный телефон (м)	[mɔbílinij telefón]
pantalla (f)	дисплей (м)	[displǽj]
botón (m)	кнопка (ж)	[knópka]
tarjeta SIM (f)	SIM-карта (ж)	[sim-kárta]

pila (f)	батарея (ж)	[bataréja]
descargarse (vr)	разрядиться (св, возв)	[razrɪdítsa]
cargador (m)	зарядное устройство (с)	[zariádnɔe ustrójstvɔ]

menú (m)	меню (с)	[meniú]
preferencias (f pl)	настройки (ж мн)	[nastrójki]
melodía (f)	мелодия (ж)	[melódija]
seleccionar (vt)	выбрать (св, пх)	[vībrati]

calculadora (f)	калькулятор (м)	[kalikuliátɔr]
contestador (m)	голосовая почта (ж)	[gɔlɔsɔvája pótʃta]
despertador (m)	будильник (м)	[budílinik]

contactos (m pl)	телефонная книга (ж)	[telefónnaja kníga]
mensaje (m) de texto	SMS-сообщение (c)	[ɛs·ɛm·ǽs-sɔɔpʃénie]
abonado (m)	абонент (м)	[abɔnént]

46. Los artículos de escritorio. La papelería

| bolígrafo (m) | шариковая ручка (ж) | [ʃárikɔvaja rútʃka] |
| pluma (f) estilográfica | перьевая ручка (ж) | [perjevája rútʃka] |

lápiz (m)	карандаш (м)	[karandáʃ]
marcador (m)	маркер (м)	[márker]
rotulador (m)	фломастер (м)	[flɔmáster]

| bloc (m) de notas | блокнот (м) | [blɔknót] |
| agenda (f) | ежедневник (м) | [eʒednévnik] |

regla (f)	линейка (ж)	[linéjka]
calculadora (f)	калькулятор (м)	[kalʲkulʲátɔr]
goma (f) de borrar	ластик (м)	[lástik]
chincheta (f)	кнопка (ж)	[knópka]
clip (m)	скрепка (ж)	[skrépka]

cola (f), pegamento (m)	клей (м)	[kléj]
grapadora (f)	степлер (м)	[stǽpler]
perforador (m)	дырокол (м)	[dirɔkól]
sacapuntas (m)	точилка (ж)	[tɔtʃílka]

47. Los idiomas extranjeros

lengua (f)	язык (м)	[jɪzīk]
extranjero (adj)	иностранный	[inɔstránnij]
lengua (f) extranjera	иностранный язык (м)	[inɔstránnij jɪzīk]
estudiar (vt)	изучать (нсв, пх)	[izutʃátʲ]
aprender (ingles, etc.)	учить (нсв, пх)	[utʃítʲ]

leer (vi, vt)	читать (нсв, н/пх)	[tʃitátʲ]
hablar (vi, vt)	говорить (нсв, н/пх)	[gɔvɔrítʲ]
comprender (vt)	понимать (нсв, пх)	[pɔnimátʲ]
escribir (vt)	писать (нсв, пх)	[pisátʲ]

rápidamente (adv)	быстро	[bīstrɔ]
lentamente (adv)	медленно	[médlenɔ]
con fluidez (adv)	свободно	[svɔbódnɔ]

reglas (f pl)	правила (с мн)	[právila]
gramática (f)	грамматика (ж)	[gramátika]
vocabulario (m)	лексика (ж)	[léksika]
fonética (f)	фонетика (ж)	[fɔnǽtika]

manual (m)	учебник (м)	[uʧébnik]
diccionario (m)	словарь (м)	[slovárʲ]
manual (m) autodidáctico	самоучитель (м)	[samouʧítelʲ]
guía (f) de conversación	разговорник (м)	[razgovórnik]
casete (m)	кассета (ж)	[kaséta]
videocasete (f)	видеокассета (ж)	[vídeo·kaséta]
disco compacto, CD (m)	компакт-диск (м)	[kompákt-dísk]
DVD (m)	DVD-диск (м)	[di·vi·dí dísk]
alfabeto (m)	алфавит (м)	[alfavít]
deletrear (vt)	говорить по буквам	[govorítʲ po búkvam]
pronunciación (f)	произношение (c)	[proiznoʃǽnie]
acento (m)	акцент (м)	[akʦǽnt]
con acento	с акцентом	[s akʦǽntom]
sin acento	без акцента	[bez akʦǽnta]
palabra (f)	слово (c)	[slóvo]
significado (m)	смысл (м)	[smῖsl]
cursos (m pl)	курсы (мн)	[kúrsi̯]
inscribirse (vr)	записаться (св, возв)	[zapisátsa]
profesor (m) (~ de inglés)	преподаватель (м)	[prepodavátelʲ]
traducción (f) (proceso)	перевод (м)	[perevód]
traducción (f) (texto)	перевод (м)	[perevód]
traductor (m)	переводчик (м)	[perevóttʃik]
intérprete (m)	переводчик (м)	[perevóttʃik]
políglota (m)	полиглот (м)	[poliglót]
memoria (f)	память (ж)	[pámitʲ]

LAS COMIDAS.
EL RESTAURANTE

T&P Books Publishing

48. Los cubiertos

cuchara (f)	ложка (ж)	[lóʃka]
cuchillo (m)	нож (м)	[nóʃ]
tenedor (m)	вилка (ж)	[vílka]
taza (f)	чашка (ж)	[ʧáʃka]
plato (m)	тарелка (ж)	[tarélka]
platillo (m)	блюдце (с)	[blʲútse]
servilleta (f)	салфетка (ж)	[salfétka]
mondadientes (m)	зубочистка (ж)	[zubotʃístka]

49. El restaurante

restaurante (m)	ресторан (м)	[restɔrán]
cafetería (f)	кофейня (ж)	[kɔféjnʲa]
bar (m)	бар (м)	[bár]
salón (m) de té	чайный салон (м)	[ʧájnij salón]
camarero (m)	официант (м)	[ofiʦiánt]
camarera (f)	официантка (ж)	[ofiʦiántka]
barman (m)	бармен (м)	[bármɛn]
carta (f), menú (m)	меню (с)	[menʲú]
carta (f) de vinos	карта (ж) вин	[kárta vín]
reservar una mesa	забронировать столик	[zabrɔnírovatʲ stólik]
plato (m)	блюдо (с)	[blʲúdɔ]
pedir (vt)	заказать (св, пх)	[zakazátʲ]
hacer un pedido	сделать заказ	[zdélatʲ zakás]
aperitivo (m)	аперитив (м)	[aperitíf]
entremés (m)	закуска (ж)	[zakúska]
postre (m)	десерт (м)	[desért]
cuenta (f)	счёт (м)	[ʃǿt]
pagar la cuenta	оплатить счёт	[ɔplatítʲ ʃǿt]
dar la vuelta	дать сдачу	[dátʲ zdátʃu]
propina (f)	чаевые (мн)	[ʧaevíe]

50. Las comidas

comida (f)	еда (ж)	[edá]
comer (vi, vt)	есть (нсв, н/пх)	[éstʲ]

desayuno (m)	завтрак (м)	[záftrak]
desayunar (vi)	завтракать (нсв, нпх)	[záftrakatʲ]
almuerzo (m)	обед (м)	[ɔbéd]
almorzar (vi)	обедать (нсв, нпх)	[ɔbédatʲ]
cena (f)	ужин (м)	[úʒin]
cenar (vi)	ужинать (нсв, нпх)	[úʒinatʲ]
apetito (m)	аппетит (м)	[apetít]
¡Que aproveche!	Приятного аппетита!	[prijátnɔvɔ apetíta]
abrir (vt)	открывать (нсв, пх)	[ɔtkrivátʲ]
derramar (líquido)	пролить (св, пх)	[prɔlítʲ]
derramarse (líquido)	пролиться (св, возв)	[prɔlítsa]
hervir (vi)	кипеть (нсв, нпх)	[kipétʲ]
hervir (vt)	кипятить (нсв, пх)	[kipɪtítʲ]
hervido (agua ~a)	кипячёный	[kipɪtʃónij]
enfriar (vt)	охладить (св, пх)	[ɔhladítʲ]
enfriarse (vr)	охлаждаться (нсв, возв)	[ɔhlaʒdátsa]
sabor (m)	вкус (м)	[fkús]
regusto (m)	привкус (м)	[prífkus]
adelgazar (vi)	худеть (нсв, нпх)	[hudétʲ]
dieta (f)	диета (ж)	[diéta]
vitamina (f)	витамин (м)	[vitamín]
caloría (f)	калория (ж)	[kalórija]
vegetariano (m)	вегетарианец (м)	[vegetariánets]
vegetariano (adj)	вегетарианский	[vegetariánskij]
grasas (f pl)	жиры (мн)	[ʒirī]
proteínas (f pl)	белки (мн)	[belkí]
carbohidratos (m pl)	углеводы (мн)	[uglevódi]
loncha (f)	ломтик (м)	[lómtik]
pedazo (m)	кусок (м)	[kusók]
miga (f)	крошка (ж)	[króʃka]

51. Los platos

plato (m)	блюдо (с)	[blʲúdɔ]
cocina (f)	кухня (ж)	[kúhnʲa]
receta (f)	рецепт (м)	[retsǽpt]
porción (f)	порция (ж)	[pórtsija]
ensalada (f)	салат (м)	[salát]
sopa (f)	суп (м)	[súp]
caldo (m)	бульон (м)	[buljón]
bocadillo (m)	бутерброд (м)	[buterbród]
huevos (m pl) fritos	яичница (ж)	[iíʃnitsa]

hamburguesa (f)	гамбургер (м)	[gámburger]
bistec (m)	бифштекс (м)	[bifʃtǽks]
guarnición (f)	гарнир (м)	[garnír]
espagueti (m)	спагетти (мн)	[spagéti]
puré (m) de patatas	картофельное пюре (c)	[kartófelʲnɔe pʲuré]
pizza (f)	пицца (ж)	[pítsa]
gachas (f pl)	каша (ж)	[káʃa]
tortilla (f) francesa	омлет (м)	[ɔmlét]
cocido en agua (adj)	варёный	[varǿnij]
ahumado (adj)	копчёный	[kɔptʃǿnij]
frito (adj)	жареный	[ʒárenij]
seco (adj)	сушёный	[suʃǿnij]
congelado (adj)	замороженный	[zamɔróʒenij]
marinado (adj)	маринованный	[marinóvanij]
azucarado, dulce (adj)	сладкий	[slátkij]
salado (adj)	солёный	[sɔlǿnij]
frío (adj)	холодный	[hɔlódnij]
caliente (adj)	горячий	[gɔrʲátʃij]
amargo (adj)	горький	[górʲkij]
sabroso (adj)	вкусный	[fkúsnij]
cocer en agua	варить (нсв, пх)	[varítʲ]
preparar (la cena)	готовить (нсв, пх)	[gɔtóvitʲ]
freír (vt)	жарить (нсв, пх)	[ʒáritʲ]
calentar (vt)	разогревать (нсв, пх)	[razɔgrevátʲ]
salar (vt)	солить (нсв, пх)	[sɔlítʲ]
poner pimienta	перчить (нсв, пх)	[pértʃitʲ], [pertʃítʲ]
rallar (vt)	тереть (нсв, пх)	[terétʲ]
piel (f)	кожура (ж)	[kɔʒurá]
pelar (vt)	чистить (нсв, пх)	[tʃístitʲ]

52. La comida

carne (f)	мясо (c)	[mʲásɔ]
gallina (f)	курица (ж)	[kúritsa]
pollo (m)	цыплёнок (м)	[tsiplǿnɔk]
pato (m)	утка (ж)	[útka]
ganso (m)	гусь (м)	[gúsʲ]
caza (f) menor	дичь (ж)	[dítʃʲ]
pava (f)	индейка (ж)	[indéjka]
carne (f) de cerdo	свинина (ж)	[svinína]
carne (f) de ternera	телятина (ж)	[telʲátina]
carne (f) de carnero	баранина (ж)	[baránina]
carne (f) de vaca	говядина (ж)	[gɔvʲádina]
conejo (m)	кролик (м)	[królik]

salchichón (m)	колбаса (ж)	[kɔlbasá]
salchicha (f)	сосиска (ж)	[sɔsíska]
beicon (m)	бекон (м)	[bekón]
jamón (m)	ветчина (ж)	[vettʃiná]
jamón (m) fresco	окорок (м)	[ókɔrɔk]
paté (m)	паштет (м)	[paʃtét]
hígado (m)	печень (ж)	[pétʃenʲ]
carne (f) picada	фарш (м)	[fárʃ]
lengua (f)	язык (м)	[jɪzīk]
huevo (m)	яйцо (с)	[jɪjtsó]
huevos (m pl)	яйца (мн)	[jájtsa]
clara (f)	белок (м)	[belók]
yema (f)	желток (м)	[ʒeltók]
pescado (m)	рыба (ж)	[rība]
mariscos (m pl)	морепродукты (мн)	[mɔre·prɔdúkti]
crustáceos (m pl)	ракообразные (мн)	[rakɔɔbráznie]
caviar (m)	икра (ж)	[ikrá]
cangrejo (m) de mar	краб (м)	[kráb]
camarón (m)	креветка (ж)	[krevétka]
ostra (f)	устрица (ж)	[ústritsa]
langosta (f)	лангуст (м)	[langúst]
pulpo (m)	осьминог (м)	[ɔsʲminóg]
calamar (m)	кальмар (м)	[kalʲmár]
esturión (m)	осетрина (ж)	[ɔsetrína]
salmón (m)	лосось (м)	[lɔsósʲ]
fletán (m)	палтус (м)	[páltus]
bacalao (m)	треска (ж)	[treská]
caballa (f)	скумбрия (ж)	[skúmbrija]
atún (m)	тунец (м)	[tunéts]
anguila (f)	угорь (м)	[úgɔrʲ]
trucha (f)	форель (ж)	[fɔrælʲ]
sardina (f)	сардина (ж)	[sardína]
lucio (m)	щука (ж)	[ʃúka]
arenque (m)	сельдь (ж)	[sélʲtʲ]
pan (m)	хлеб (м)	[hléb]
queso (m)	сыр (м)	[sīr]
azúcar (m)	сахар (м)	[sáhar]
sal (f)	соль (ж)	[sólʲ]
arroz (m)	рис (м)	[rís]
macarrones (m pl)	макароны (мн)	[makaróni]
tallarines (m pl)	лапша (ж)	[lapʃá]
mantequilla (f)	сливочное масло (с)	[slívɔtʃnɔe máslɔ]
aceite (m) vegetal	растительное масло (с)	[rastítelʲnɔe máslɔ]

141

| aceite (m) de girasol | подсолнечное масло (c) | [potsólnetʃnɔe máslɔ] |
| margarina (f) | маргарин (м) | [margarín] |

| olivas, aceitunas (f pl) | оливки (мн) | [ɔlífki] |
| aceite (m) de oliva | оливковое масло (c) | [ɔlífkɔvɔe máslɔ] |

leche (f)	молоко (c)	[mɔlɔkó]
leche (f) condensada	сгущённое молоко (c)	[sguʃǿnɔe mɔlɔkó]
yogur (m)	йогурт (м)	[jógurt]
nata (f) agria	сметана (ж)	[smetána]
nata (f) líquida	сливки (мн)	[slífki]

| mayonesa (f) | майонез (м) | [majinǽs] |
| crema (f) de mantequilla | крем (м) | [krém] |

cereales (m pl) integrales	крупа (ж)	[krupá]
harina (f)	мука (ж)	[muká]
conservas (f pl)	консервы (мн)	[kɔnsérvi]

copos (m pl) de maíz	кукурузные хлопья (мн)	[kukurúznie hlópja]
miel (f)	мёд (м)	[mǿd]
confitura (f)	джем, конфитюр (м)	[dʒǽm], [kɔnfitʲúr]
chicle (m)	жевательная резинка (м)	[ʒevátelʲnaja rezínka]

53. Las bebidas

agua (f)	вода (ж)	[vɔdá]
agua (f) potable	питьевая вода (ж)	[pitjevája vɔdá]
agua (f) mineral	минеральная вода (ж)	[minerálʲnaja vɔdá]

sin gas	без газа	[bez gáza]
gaseoso (adj)	газированная	[gaziróvanaja]
con gas	с газом	[s gázɔm]
hielo (m)	лёд (м)	[lǿd]
con hielo	со льдом	[sɔ lʲdóm]

sin alcohol	безалкогольный	[bezalkɔgólʲnij]
bebida (f) sin alcohol	безалкогольный напиток (м)	[bezalkɔgólʲnij napítɔk]
refresco (m)	прохладительный напиток (м)	[prɔhladítelʲnij napítɔk]
limonada (f)	лимонад (м)	[limɔnád]

bebidas (f pl) alcohólicas	алкогольные напитки (мн)	[alkɔgólʲnie napítki]
vino (m)	вино (c)	[vinó]
vino (m) blanco	белое вино (c)	[bélɔe vinó]
vino (m) tinto	красное вино (c)	[krásnɔe vinó]
licor (m)	ликёр (м)	[likǿr]

| champaña (f) | шампанское (c) | [ʃampánskɔe] |
| vermú (m) | вермут (м) | [vérmut] |

whisky (m)	виски (c)	[víski]
vodka (m)	водка (ж)	[vótka]
ginebra (f)	джин (м)	[dʒĭn]
coñac (m)	коньяк (м)	[kɔnják]
ron (m)	ром (м)	[róm]

café (m)	кофе (м)	[kófe]
café (m) solo	чёрный кофе (м)	[tʃórnij kófe]
café (m) con leche	кофе (м) с молоком	[kófe s mɔlɔkóm]
capuchino (m)	кофе (м) со сливками	[kófe sɔ slífkami]
café (m) soluble	растворимый кофе (м)	[rastvɔrímij kófe]

leche (f)	молоко (c)	[mɔlɔkó]
cóctel (m)	коктейль (м)	[kɔktæjlʲ]
batido (m)	молочный коктейль (м)	[mɔlótʃnij kɔktæjlʲ]

zumo (m), jugo (m)	сок (м)	[sók]
jugo (m) de tomate	томатный сок (м)	[tɔmátnij sók]
zumo (m) de naranja	апельсиновый сок (м)	[apelʲsínɔvij sók]
zumo (m) fresco	свежевыжатый сок (м)	[sveʒe·vĭʒatij sók]

cerveza (f)	пиво (c)	[pívɔ]
cerveza (f) rubia	светлое пиво (c)	[svétlɔe pívɔ]
cerveza (f) negra	тёмное пиво (c)	[tǿmnɔe pívɔ]

té (m)	чай (м)	[tʃáj]
té (m) negro	чёрный чай (м)	[tʃórnij tʃáj]
té (m) verde	зелёный чай (м)	[zelǿnij tʃáj]

54. Las verduras

| legumbres (f pl) | овощи (м мн) | [óvɔʃʲi] |
| verduras (f pl) | зелень (ж) | [zélenʲ] |

tomate (m)	помидор (м)	[pɔmidór]
pepino (m)	огурец (м)	[ɔguréʦ]
zanahoria (f)	морковь (ж)	[mɔrkófʲ]
patata (f)	картофель (м)	[kartófelʲ]
cebolla (f)	лук (м)	[lúk]
ajo (m)	чеснок (м)	[tʃesnók]

col (f)	капуста (ж)	[kapústa]
coliflor (f)	цветная капуста (ж)	[ʦvetnája kapústa]
col (f) de Bruselas	брюссельская капуста (ж)	[brʲusélʲskaja kapústa]
brócoli (m)	капуста брокколи (ж)	[kapústa brókɔli]
remolacha (f)	свёкла (ж)	[svǿkla]

berenjena (f)	баклажан (м)	[baklaʒán]
calabacín (m)	кабачок (м)	[kabatʃók]
calabaza (f)	тыква (ж)	[tɨ̈kva]
nabo (m)	репа (ж)	[répa]

perejil (m)	петрушка (ж)	[petrúʃka]
eneldo (m)	укроп (м)	[ukróp]
lechuga (f)	салат (м)	[salát]
apio (m)	сельдерей (м)	[selʲderéj]
espárrago (m)	спаржа (ж)	[spárʒa]
espinaca (f)	шпинат (м)	[ʃpinát]

guisante (m)	горох (м)	[gɔróh]
habas (f pl)	бобы (мн)	[bɔbɨ̈]
maíz (m)	кукуруза (ж)	[kukurúza]
fréjol (m)	фасоль (ж)	[fasólʲ]

pimiento (m) dulce	перец (м)	[pérets]
rábano (m)	редис (м)	[redís]
alcachofa (f)	артишок (м)	[artiʃók]

55. Las frutas. Las nueces

fruto (m)	фрукт (м)	[frúkt]
manzana (f)	яблоко (с)	[jáblɔkɔ]
pera (f)	груша (ж)	[grúʃa]
limón (m)	лимон (м)	[limón]
naranja (f)	апельсин (м)	[apelʲsín]
fresa (f)	клубника (ж)	[klubníka]

mandarina (f)	мандарин (м)	[mandarín]
ciruela (f)	слива (ж)	[slíva]
melocotón (m)	персик (м)	[pérsik]
albaricoque (m)	абрикос (м)	[abrikós]
frambuesa (f)	малина (ж)	[malína]
piña (f)	ананас (м)	[ananás]

banana (f)	банан (м)	[banán]
sandía (f)	арбуз (м)	[arbús]
uva (f)	виноград (м)	[vinɔgrád]
guinda (f)	вишня (ж)	[víʃnʲa]
cereza (f)	черешня (ж)	[tʃeréʃnʲa]
melón (m)	дыня (ж)	[dɨ̈nʲa]

pomelo (m)	грейпфрут (м)	[gréjpfrut]
aguacate (m)	авокадо (с)	[avɔkádɔ]
papaya (f)	папайя (ж)	[papája]
mango (m)	манго (с)	[mángɔ]
granada (f)	гранат (м)	[granát]
grosella (f) roja	красная смородина (ж)	[krásnaja smɔródina]

grosella (f) negra   чёрная смородина (ж)   [t͡ʃórnaja smoródina]
grosella (f) espinosa   крыжовник (м)   [kriʒóvnik]
arándano (m)   черника (ж)   [t͡ʃerníka]
zarzamoras (f pl)   ежевика (ж)   [eʒevíka]

pasas (f pl)   изюм (м)   [izʲúm]
higo (m)   инжир (м)   [inʒīr]
dátil (m)   финик (м)   [fínik]

cacahuete (m)   арахис (м)   [aráhis]
almendra (f)   миндаль (м)   [mindálʲ]
nuez (f)   грецкий орех (м)   [grétskij oréh]
avellana (f)   лесной орех (м)   [lesnój oréh]
nuez (f) de coco   кокосовый орех (м)   [kokósovij oréh]
pistachos (m pl)   фисташки (мн)   [fistáʃki]

56. El pan. Los dulces

pasteles (m pl)   кондитерские изделия (мн)   [kondíterskie izdélija]
pan (m)   хлеб (м)   [hléb]
galletas (f pl)   печенье (с)   [pet͡ʃénje]

chocolate (m)   шоколад (м)   [ʃokolád]
de chocolate (adj)   шоколадный   [ʃokoládnij]
caramelo (m)   конфета (ж)   [konféta]
tarta (f) (pequeña)   пирожное (с)   [piróʒnoe]
tarta (f) (~ de cumpleaños)   торт (м)   [tórt]

tarta (f) (~ de manzana)   пирог (м)   [piróg]
relleno (m)   начинка (ж)   [nat͡ʃínka]

confitura (f)   варенье (с)   [varénje]
mermelada (f)   мармелад (м)   [marmelád]
gofre (m)   вафли (мн)   [váfli]
helado (m)   мороженое (с)   [moróʒenoe]
pudin (m)   пудинг (м)   [púding]

57. Las especias

sal (f)   соль (ж)   [sólʲ]
salado (adj)   солёный   [solónij]
salar (vt)   солить (нсв, пх)   [solítʲ]

pimienta (f) negra   чёрный перец (м)   [t͡ʃórnij pérets]
pimienta (f) roja   красный перец (м)   [krásnij pérets]
mostaza (f)   горчица (ж)   [gort͡ʃítsa]
rábano (m) picante   хрен (м)   [hrén]

condimento (m)	приправа (ж)	[pripráva]
especia (f)	пряность (ж)	[prʲánɔstʲ]
salsa (f)	соус (м)	[sóus]
vinagre (m)	уксус (м)	[úksus]

anís (m)	анис (м)	[anís]
albahaca (f)	базилик (м)	[bazilík]
clavo (m)	гвоздика (ж)	[gvɔzdíka]
jengibre (m)	имбирь (м)	[imbírʲ]
cilantro (m)	кориандр (м)	[kɔriándr]
canela (f)	корица (ж)	[kɔrítsa]

sésamo (m)	кунжут (м)	[kunʒút]
hoja (f) de laurel	лавровый лист (м)	[lavróvij líst]
paprika (f)	паприка (ж)	[páprika]
comino (m)	тмин (м)	[tmín]
azafrán (m)	шафран (м)	[ʃafrán]

T&P BOOKS

LA INFORMACIÓN PERSONAL. LA FAMILIA

T&P Books Publishing

58. La información personal. Los formularios

nombre (m)	имя (с)	[ímʲa]
apellido (m)	фамилия (ж)	[famílija]
fecha (f) de nacimiento	дата (ж) рождения	[dáta rɔʒdénija]
lugar (m) de nacimiento	место (с) рождения	[méstɔ rɔʒdénija]
nacionalidad (f)	национальность (ж)	[natsiɔnálʲnostʲ]
domicilio (m)	место (с) жительства	[méstɔ ʒítelʲstva]
país (m)	страна (ж)	[straná]
profesión (f)	профессия (ж)	[prɔfésija]
sexo (m)	пол (м)	[pól]
estatura (f)	рост (м)	[róst]
peso (m)	вес (м)	[vés]

59. Los familiares. Los parientes

madre (f)	мать (ж)	[mátʲ]
padre (m)	отец (м)	[ɔtéts]
hijo (m)	сын (м)	[sīn]
hija (f)	дочь (ж)	[dótʃʲ]
hija (f) menor	младшая дочь (ж)	[mládʃaja dótʃʲ]
hijo (m) menor	младший сын (м)	[mládʃij sīn]
hija (f) mayor	старшая дочь (ж)	[stárʃaja dótʃʲ]
hijo (m) mayor	старший сын (м)	[stárʃij sīn]
hermano (m)	брат (м)	[brát]
hermana (f)	сестра (ж)	[sestrá]
primo (m)	двоюродный брат (м)	[dvɔjúrɔdnij brát]
prima (f)	двоюродная сестра (ж)	[dvɔjúrɔdnaja sestrá]
mamá (f)	мама (ж)	[máma]
papá (m)	папа (м)	[pápa]
padres (pl)	родители (мн)	[rɔdíteli]
niño -a (m, f)	ребёнок (м)	[rebɵ́nɔk]
niños (pl)	дети (мн)	[déti]
abuela (f)	бабушка (ж)	[bábuʃka]
abuelo (m)	дедушка (м)	[déduʃka]
nieto (m)	внук (м)	[vnúk]
nieta (f)	внучка (ж)	[vnútʃka]
nietos (pl)	внуки (мн)	[vnúki]

tío (m)	дядя (м)	[dʲádʲa]
tía (f)	тётя (ж)	[tótʲa]
sobrino (m)	племянник (м)	[plemʲánik]
sobrina (f)	племянница (ж)	[plemʲánitsa]
suegra (f)	тёща (ж)	[tófʲa]
suegro (m)	свёкор (м)	[svǿkɔr]
yerno (m)	зять (м)	[zʲátʲ]
madrastra (f)	мачеха (ж)	[mátʃeha]
padrastro (m)	отчим (м)	[óttʃim]
niño (m) de pecho	грудной ребёнок (м)	[grudnój rebǿnɔk]
bebé (m)	младенец (м)	[mladénets]
chico (m)	малыш (м)	[malīʃ]
mujer (f)	жена (ж)	[ʒená]
marido (m)	муж (м)	[múʃ]
esposo (m)	супруг (м)	[suprúg]
esposa (f)	супруга (ж)	[suprúga]
casado (adj)	женатый	[ʒenátij]
casada (adj)	замужняя	[zamúʒnʲaja]
soltero (adj)	холостой	[hɔlɔstój]
soltero (m)	холостяк (м)	[hɔlɔstʲák]
divorciado (adj)	разведённый	[razvedǿnnij]
viuda (f)	вдова (ж)	[vdɔvá]
viudo (m)	вдовец (м)	[vdɔvéts]
pariente (m)	родственник (м)	[rótstvenik]
pariente (m) cercano	близкий родственник (м)	[blískij rótstvenik]
pariente (m) lejano	дальний родственник (м)	[dálʲnij rótstvenik]
parientes (pl)	родные (мн)	[rɔdnīje]
huérfano (m)	сирота (м)	[sirɔtá]
huérfana (f)	сирота (ж)	[sirɔtá]
tutor (m)	опекун (м)	[ɔpekún]
adoptar (un niño)	усыновить (св, пх)	[usinɔvítʲ]
adoptar (una niña)	удочерить (св, пх)	[udɔtʃerítʲ]

60. Los amigos. Los compañeros del trabajo

amigo (m)	друг (м)	[drúg]
amiga (f)	подруга (ж)	[pɔdrúga]
amistad (f)	дружба (ж)	[drúʒba]
ser amigo	дружить (нсв, нпх)	[druʒītʲ]
amigote (m)	приятель (м)	[prijátelʲ]
amiguete (f)	приятельница (ж)	[prijátelʲnitsa]

compañero (m)	партнёр (м)	[partnǿr]
jefe (m)	шеф (м)	[ʃǽf]
superior (m)	начальник (м)	[natʃálʲnik]
propietario (m)	владелец (м)	[vladélets]
subordinado (m)	подчинённый (м)	[pɔttʃinǿnnij]
colega (m, f)	коллега (м)	[kɔléga]
conocido (m)	знакомый (м)	[znakómij]
compañero (m) de viaje	попутчик (м)	[pɔpúttʃik]
condiscípulo (m)	одноклассник (м)	[ɔdnɔklásnik]
vecino (m)	сосед (м)	[sɔséd]
vecina (f)	соседка (ж)	[sɔsétka]
vecinos (pl)	соседи (мн)	[sɔsédi]

EL CUERPO. LA MEDICINA

T&P Books Publishing

cabeza (f)	голова (ж)	[gɔlɔvá]
cara (f)	лицо (c)	[litsó]
nariz (f)	нос (м)	[nós]
boca (f)	рот (м)	[rót]
ojo (m)	глаз (м)	[glás]
ojos (m pl)	глаза (мн)	[glazá]
pupila (f)	зрачок (м)	[zratʃók]
ceja (f)	бровь (ж)	[brófʲ]
pestaña (f)	ресница (ж)	[resnítsa]
párpado (m)	веко (c)	[vékɔ]
lengua (f)	язык (м)	[jɪzīk]
diente (m)	зуб (м)	[zúb]
labios (m pl)	губы (мн)	[gúbʲ]
pómulos (m pl)	скулы (мн)	[skúlʲ]
encía (f)	десна (ж)	[desná]
paladar (m)	нёбо (c)	[nǿbɔ]
ventanas (f pl)	ноздри (мн)	[nózdrʲ]
mentón (m)	подбородок (м)	[pɔdbɔródɔk]
mandíbula (f)	челюсть (ж)	[tʃélʲustʲ]
mejilla (f)	щека (ж)	[ʃʲeká]
frente (f)	лоб (м)	[lób]
sien (f)	висок (м)	[visók]
oreja (f)	ухо (c)	[úhɔ]
nuca (f)	затылок (м)	[zatīlɔk]
cuello (m)	шея (ж)	[ʃǽja]
garganta (f)	горло (c)	[górlɔ]
pelo, cabello (m)	волосы (мн)	[vólɔsʲ]
peinado (m)	причёска (ж)	[pritʃóska]
corte (m) de pelo	стрижка (ж)	[stríʃka]
peluca (f)	парик (м)	[parík]
bigote (m)	усы (м мн)	[usī]
barba (f)	борода (ж)	[bɔrɔdá]
tener (~ la barba)	носить (нсв, пх)	[nɔsítʲ]
trenza (f)	коса (ж)	[kɔsá]
patillas (f pl)	бакенбарды (мн)	[bakenbárdʲ]
pelirrojo (adj)	рыжий	[rī̄ʒij]
gris, canoso (adj)	седой	[sedój]

| calvo (adj) | лысый | [lɨsɨj] |
| calva (f) | лысина (ж) | [lɨsina] |

| cola (f) de caballo | хвост (м) | [hvóst] |
| flequillo (m) | чёлка (ж) | [ʧólka] |

62. El cuerpo

| mano (f) | кисть (ж) | [kístʲ] |
| brazo (m) | рука (ж) | [ruká] |

dedo (m)	палец (м)	[pálets]
dedo (m) pulgar	большой палец (м)	[bolʲʃój pálets]
dedo (m) meñique	мизинец (м)	[mizínets]
uña (f)	ноготь (м)	[nógotʲ]

puño (m)	кулак (м)	[kulák]
palma (f)	ладонь (ж)	[ladónʲ]
muñeca (f)	запястье (c)	[zapʲástje]
antebrazo (m)	предплечье (c)	[pretpléʧje]

| codo (m) | локоть (м) | [lókotʲ] |
| hombro (m) | плечо (c) | [pleʧó] |

pierna (f)	нога (ж)	[nɔgá]
planta (f)	ступня (ж)	[stupnʲá]
rodilla (f)	колено (c)	[kɔlénɔ]
pantorrilla (f)	икра (ж)	[ikrá]

| cadera (f) | бедро (c) | [bedró] |
| talón (m) | пятка (ж) | [pʲátka] |

cuerpo (m)	тело (c)	[télɔ]
vientre (m)	живот (м)	[ʒɨvót]
pecho (m)	грудь (ж)	[grútʲ]
seno (m)	грудь (ж)	[grútʲ]
lado (m), costado (m)	бок (м)	[bók]
espalda (f)	спина (ж)	[spiná]

| zona (f) lumbar | поясница (ж) | [pɔjisnítsa] |
| cintura (f), talle (m) | талия (ж) | [tálija] |

ombligo (m)	пупок (м)	[pupók]
nalgas (f pl)	ягодицы (мн)	[jágɔditsi]
trasero (m)	зад (м)	[zád]

lunar (m)	родинка (ж)	[ródinka]
marca (f) de nacimiento	родимое пятно (c)	[rɔdímɔe pɪtnó]
tatuaje (m)	татуировка (ж)	[tatuirófka]
cicatriz (f)	шрам (м)	[ʃrám]

63. Las enfermedades

enfermedad (f)	болезнь (ж)	[bolézn^j]
estar enfermo	болеть (нсв, нпх)	[bolét^j]
salud (f)	здоровье (с)	[zdoróvje]
resfriado (m) (coriza)	насморк (м)	[násmork]
angina (f)	ангина (ж)	[angína]
resfriado (m)	простуда (ж)	[prostúda]
resfriarse (vr)	простудиться (св, возв)	[prostudítsa]
bronquitis (f)	бронхит (м)	[bronhít]
pulmonía (f)	воспаление (с) лёгких	[vospalénie lǿhkih]
gripe (f)	грипп (м)	[gríp]
miope (adj)	близорукий	[blizorúkij]
présbita (adj)	дальнозоркий	[dal^jnozórkij]
estrabismo (m)	косоглазие (с)	[kosoglázie]
estrábico (m) (adj)	косоглазый	[kosoglázij]
catarata (f)	катаракта (ж)	[katarákta]
glaucoma (m)	глаукома (ж)	[glaukóma]
insulto (m)	инсульт (м)	[insúl^jt]
ataque (m) cardiaco	инфаркт (м)	[infárkt]
infarto (m) de miocardio	инфаркт (м) миокарда	[infárkt miokárda]
parálisis (f)	паралич (м)	[paralítʃ]
paralizar (vt)	парализовать (нсв, пх)	[paralizovát^j]
alergia (f)	аллергия (ж)	[alergíja]
asma (f)	астма (ж)	[ástma]
diabetes (f)	диабет (м)	[diabét]
dolor (m) de muelas	зубная боль (ж)	[zubnája ból^j]
caries (f)	кариес (м)	[káries]
diarrea (f)	диарея (ж)	[diaréja]
estreñimiento (m)	запор (м)	[zapór]
molestia (f) estomacal	расстройство (с) желудка	[rastrójstvo ʒelútka]
envenenamiento (m)	отравление (с)	[otravlénie]
envenenarse (vr)	отравиться (св, возв)	[otravítsa]
artritis (f)	артрит (м)	[artrít]
raquitismo (m)	рахит (м)	[rahít]
reumatismo (m)	ревматизм (м)	[revmatízm]
ateroesclerosis (f)	атеросклероз (м)	[atɛrosklerós]
gastritis (f)	гастрит (м)	[gastrít]
apendicitis (f)	аппендицит (м)	[apenditsít]
colecistitis (f)	холецистит (м)	[holetsistít]
úlcera (f)	язва (ж)	[jázva]

sarampión (m)	корь (ж)	[kórʲ]
rubeola (f)	краснуха (ж)	[krasnúha]
ictericia (f)	желтуха (ж)	[ʒeltúha]
hepatitis (f)	гепатит (м)	[gepatít]
esquizofrenia (f)	шизофрения (ж)	[ʃizofreníja]
rabia (f) (hidrofobia)	бешенство (с)	[béʃɛnstvɔ]
neurosis (f)	невроз (м)	[nevrós]
conmoción (f) cerebral	сотрясение (с) мозга	[sɔtrɪsénie mózga]
cáncer (m)	рак (м)	[rák]
esclerosis (f)	склероз (м)	[sklerós]
esclerosis (m) múltiple	рассеянный склероз (м)	[rasséɪnnij sklerós]
alcoholismo (m)	алкоголизм (м)	[alkɔgɔlízm]
alcohólico (m)	алкоголик (м)	[alkɔgólik]
sífilis (f)	сифилис (м)	[sífilis]
SIDA (m)	СПИД (м)	[spíd]
tumor (m)	опухоль (ж)	[ópuhɔlʲ]
maligno (adj)	злокачественная	[zlɔkátʃestvenaja]
benigno (adj)	доброкачественная	[dɔbrɔkátʃestvenaja]
fiebre (f)	лихорадка (ж)	[lihɔrátka]
malaria (f)	малярия (ж)	[malîríja]
gangrena (f)	гангрена (ж)	[gangréna]
mareo (m)	морская болезнь (ж)	[mɔrskája bɔléznʲ]
epilepsia (f)	эпилепсия (ж)	[ɛpilépsija]
epidemia (f)	эпидемия (ж)	[ɛpidémija]
tifus (m)	тиф (м)	[tíf]
tuberculosis (f)	туберкулёз (м)	[tuberkulǿs]
cólera (f)	холера (ж)	[hɔléra]
peste (f)	чума (ж)	[tʃʲumá]

64. Los síntomas. Los tratamientos. Unidad 1

síntoma (m)	симптом (м)	[simptóm]
temperatura (f)	температура (ж)	[temperatúra]
fiebre (f)	высокая температура (ж)	[vɪsókaja temperatúra]
pulso (m)	пульс (м)	[púlʲs]
mareo (m) (vértigo)	головокружение (с)	[gólɔvɔ·kruʒǽnie]
caliente (adj)	горячий	[gɔrʲátʃij]
escalofrío (m)	озноб (м)	[ɔznób]
pálido (adj)	бледный	[blédnij]
tos (f)	кашель (м)	[káʃɛlʲ]
toser (vi)	кашлять (нсв, нпх)	[káʃlɪtʲ]

estornudar (vi)	чихать (нсв, нпх)	[tʃihátʲ]
desmayo (m)	обморок (м)	[óbmɔrɔk]
desmayarse (vr)	упасть в обморок	[upástʲ v óbmɔrɔk]

moradura (f)	синяк (м)	[sinʲák]
chichón (m)	шишка (ж)	[ʃɨʃka]
golpearse (vr)	удариться (св, возв)	[udáritsa]
magulladura (f)	ушиб (м)	[uʃɨb]
magullarse (vr)	ударить ... (св, пх)	[udáritʲ ...]

cojear (vi)	хромать (нсв, нпх)	[hrɔmátʲ]
dislocación (f)	вывих (м)	[vɨvih]
dislocar (vt)	вывихнуть (св, пх)	[vɨvihnutʲ]
fractura (f)	перелом (м)	[perelóm]
tener una fractura	получить перелом	[pɔlutʃítʲ perelóm]

corte (m) (tajo)	порез (м)	[pɔrés]
cortarse (vr)	порезаться (св, возв)	[pɔrézatsa]
hemorragia (f)	кровотечение (с)	[krɔvɔ·tetʃénie]

quemadura (f)	ожог (м)	[ɔʒóg]
quemarse (vr)	обжечься (св, возв)	[ɔbʒǽtʃsʲa]

pincharse (~ el dedo)	уколоть (св, пх)	[ukɔlótʲ]
pincharse (vr)	уколоться (св, возв)	[ukɔlótsa]
herir (vt)	повредить (св, пх)	[pɔvreditʲ]
herida (f)	повреждение (с)	[pɔvreʒdénie]
lesión (f) (herida)	рана (ж)	[rána]
trauma (m)	травма (ж)	[trávma]

delirar (vi)	бредить (нсв, нпх)	[bréditʲ]
tartamudear (vi)	заикаться (нсв, возв)	[zaikátsa]
insolación (f)	солнечный удар (м)	[sólnetʃnij udár]

65. Los síntomas. Los tratamientos. Unidad 2

dolor (m)	боль (ж)	[bólʲ]
astilla (f)	заноза (ж)	[zanóza]

sudor (m)	пот (м)	[pót]
sudar (vi)	потеть (нсв, нпх)	[pɔtétʲ]
vómito (m)	рвота (ж)	[rvóta]
convulsiones (f pl)	судороги (ж мн)	[súdɔrɔgi]

embarazada (adj)	беременная	[berémennaja]
nacer (vi)	родиться (св, возв)	[rɔdítsa]
parto (m)	роды (мн)	[ródi]
dar a luz	рожать (нсв, пх)	[rɔʒátʲ]
aborto (m)	аборт (м)	[abórt]
respiración (f)	дыхание (с)	[dɨhánie]

inspiración (f)	вдох (м)	[vdóh]
espiración (f)	выдох (м)	[vídɔh]
espirar (vi)	выдохнуть (св, пх)	[vídɔhnutʲ]
inspirar (vi)	вдыхать (нсв, нпх)	[vdihátʲ]

inválido (m)	инвалид (м)	[invalíd]
mutilado (m)	калека (с)	[kaléka]
drogadicto (m)	наркоман (м)	[narkɔmán]

sordo (adj)	глухой	[gluhój]
mudo (adj)	немой	[nemój]
sordomudo (adj)	глухонемой	[gluhɔ·nemój]

loco (adj)	сумасшедший	[sumaʃǽdʃɛj]
loco (m)	сумасшедший (м)	[sumaʃǽdʃɛj]
loca (f)	сумасшедшая (ж)	[sumaʃǽdʃaja]
volverse loco	сойти с ума	[sɔjtí s umá]

gen (m)	ген (м)	[gén]
inmunidad (f)	иммунитет (м)	[imunitét]
hereditario (adj)	наследственный	[naslétstvenij]
de nacimiento (adj)	врождённый	[vrɔʒdǿnij]

virus (m)	вирус (м)	[vírus]
microbio (m)	микроб (м)	[mikrób]
bacteria (f)	бактерия (ж)	[baktǽrija]
infección (f)	инфекция (ж)	[inféktsija]

66. Los síntomas. Los tratamientos. Unidad 3

hospital (m)	больница (ж)	[bolʲnítsa]
paciente (m)	пациент (м)	[patsiǽnt]

diagnosis (f)	диагноз (м)	[diágnɔs]
cura (f)	лечение (с)	[letʃénie]
tratamiento (m)	лечение (с)	[letʃénie]
curarse (vr)	лечиться (нсв, возв)	[letʃítsa]
tratar (vt)	лечить (нсв, пх)	[letʃítʲ]
cuidar (a un enfermo)	ухаживать (нсв, нпх)	[uháʒivatʲ]
cuidados (m pl)	уход (м)	[uhód]

operación (f)	операция (ж)	[ɔperátsija]
vendar (vt)	перевязать (св, пх)	[perevızátʲ]
vendaje (m)	перевязка (ж)	[perevʲázka]

vacunación (f)	прививка (ж)	[privífka]
vacunar (vt)	делать прививку	[délatʲ privífku]
inyección (f)	укол (м)	[ukól]
aplicar una inyección	делать укол	[délatʲ ukól]
amputación (f)	ампутация (ж)	[amputátsija]

amputar (vt)	ампутировать (н/св, пх)	[amputírəvatʲ]
coma (m)	кома (ж)	[kóma]
estar en coma	быть в коме	[bītʲ f kóme]
revitalización (f)	реанимация (ж)	[reanimátsija]
recuperarse (vr)	выздоравливать (нсв, нпх)	[vizdərávlivatʲ]
estado (m) (de salud)	состояние (c)	[səstɔjánie]
consciencia (f)	сознание (c)	[sɔznánie]
memoria (f)	память (ж)	[pámɪtʲ]
extraer (un diente)	удалять (нсв, пх)	[udalʲátʲ]
empaste (m)	пломба (ж)	[plómba]
empastar (vt)	пломбировать (нсв, пх)	[plɔmbirɔvátʲ]
hipnosis (f)	гипноз (м)	[gipnós]
hipnotizar (vt)	гипнотизировать (нсв, пх)	[gipnɔtizírəvatʲ]

67. La medicina. Las drogas. Los accesorios

medicamento (m), droga (f)	лекарство (c)	[lekárstvɔ]
remedio (m)	средство (c)	[srétstvɔ]
prescribir (vt)	прописать (нсв, пх)	[prɔpisátʲ]
receta (f)	рецепт (м)	[retsǽpt]
tableta (f)	таблетка (ж)	[tablétka]
ungüento (m)	мазь (ж)	[másʲ]
ampolla (f)	ампула (ж)	[ámpula]
mixtura (f), mezcla (f)	микстура (ж)	[mikstúra]
sirope (m)	сироп (м)	[siróp]
píldora (f)	пилюля (ж)	[pilʲúlʲa]
polvo (m)	порошок (м)	[pɔrɔʃók]
venda (f)	бинт (м)	[bínt]
algodón (m) (discos de ~)	вата (ж)	[váta]
yodo (m)	йод (м)	[jód]
tirita (f), curita (f)	лейкопластырь (м)	[lejkɔplástirʲ]
pipeta (f)	пипетка (ж)	[pipétka]
termómetro (m)	градусник (м)	[grádusnik]
jeringa (f)	шприц (м)	[ʃpríts]
silla (f) de ruedas	коляска (ж)	[kɔlʲáska]
muletas (f pl)	костыли (м мн)	[kɔstilí]
anestésico (m)	обезболивающее (c)	[ɔbezbólivajuʃee]
purgante (m)	слабительное (c)	[slabítelʲnɔe]
alcohol (m)	спирт (м)	[spírt]
hierba (f) medicinal	трава (ж)	[travá]
de hierbas (té ~)	травяной	[travɪnój]

EL APARTAMENTO

T&P Books Publishing

68. El apartamento

apartamento (m)	квартира (ж)	[kvartíra]
habitación (f)	комната (ж)	[kómnata]
dormitorio (m)	спальня (ж)	[spálʲnʲa]
comedor (m)	столовая (ж)	[stɔlóvaja]
salón (m)	гостиная (ж)	[gɔstínaja]
despacho (m)	кабинет (м)	[kabinét]
antecámara (f)	прихожая (ж)	[prihóʒaja]
cuarto (m) de baño	ванная комната (ж)	[vánnaja kómnata]
servicio (m)	туалет (м)	[tualét]
techo (m)	потолок (м)	[pɔtɔlók]
suelo (m)	пол (м)	[pól]
rincón (m)	угол (м)	[úgɔl]

69. Los muebles. El interior

muebles (m pl)	мебель (ж)	[mébelʲ]
mesa (f)	стол (м)	[stól]
silla (f)	стул (м)	[stúl]
cama (f)	кровать (ж)	[krɔvátʲ]
sofá (m)	диван (м)	[diván]
sillón (m)	кресло (с)	[kréslɔ]
librería (f)	книжный шкаф (м)	[kníʒnij ʃkáf]
estante (m)	полка (ж)	[pólka]
armario (m)	гардероб (м)	[garderób]
percha (f)	вешалка (ж)	[véʃəlka]
perchero (m) de pie	вешалка (ж)	[véʃəlka]
cómoda (f)	комод (м)	[kɔmód]
mesa (f) de café	журнальный столик (м)	[ʒurnálʲnij stólik]
espejo (m)	зеркало (с)	[zérkalɔ]
tapiz (m)	ковёр (м)	[kɔvǿr]
alfombra (f)	коврик (м)	[kóvrik]
chimenea (f)	камин (м)	[kamín]
vela (f)	свеча (ж)	[svetʃá]
candelero (m)	подсвечник (м)	[pɔtsvétʃnik]
cortinas (f pl)	шторы (ж мн)	[ʃtóri]

| empapelado (m) | обои (мн) | [ɔbói] |
| estor (m) de láminas | жалюзи (мн) | [ʒalʲuzí] |

lámpara (f) de mesa	настольная лампа (ж)	[nastólʲnaja lámpa]
aplique (m)	светильник (м)	[svetílʲnik]
lámpara (f) de pie	торшер (м)	[tɔrʃǽr]
lámpara (f) de araña	люстра (ж)	[lʲústra]

pata (f) (~ de la mesa)	ножка (ж)	[nóʃka]
brazo (m)	подлокотник (м)	[pɔdlɔkótnik]
espaldar (m)	спинка (ж)	[spínka]
cajón (m)	ящик (м)	[jáʃʲik]

70. Los accesorios de cama

ropa (f) de cama	постельное бельё (с)	[pɔstélʲnɔe beljǿ]
almohada (f)	подушка (ж)	[pɔdúʃka]
funda (f)	наволочка (ж)	[návɔlɔʧka]
manta (f)	одеяло (с)	[ɔdejálɔ]
sábana (f)	простыня (ж)	[prɔstinʲá]
sobrecama (f)	покрывало (с)	[pɔkriválɔ]

71. La cocina

cocina (f)	кухня (ж)	[kúhnʲa]
gas (m)	газ (м)	[gás]
cocina (f) de gas	газовая плита (ж)	[gázɔvaja plitá]
cocina (f) eléctrica	электроплита (ж)	[ɛléktrɔ·plitá]
horno (m)	духовка (ж)	[duhófka]
horno (m) microondas	микроволновая печь (ж)	[mikrɔ·vɔlnóvaja péʧʲ]

frigorífico (m)	холодильник (м)	[hɔlɔdílʲnik]
congelador (m)	морозильник (м)	[mɔrɔzílʲnik]
lavavajillas (m)	посудомоечная машина (ж)	[pɔsúdɔ·móeʧnaja maʃína]

picadora (f) de carne	мясорубка (ж)	[mɪsɔrúpka]
exprimidor (m)	соковыжималка (ж)	[sɔkɔ·viʒimálka]
tostador (m)	тостер (м)	[tóstɛr]
batidora (f)	миксер (м)	[míkser]

cafetera (f) (aparato de cocina)	кофеварка (ж)	[kɔfevárka]
cafetera (f) (para servir)	кофейник (м)	[kɔféjnik]
molinillo (m) de café	кофемолка (ж)	[kɔfemólka]

| hervidor (m) de agua | чайник (м) | [ʧʲájnik] |
| tetera (f) | чайник (м) | [ʧʲájnik] |

| tapa (f) | крышка (ж) | [krɨ́ʃka] |
| colador (m) de té | ситечко (c) | [síteʧkɔ] |

cuchara (f)	ложка (ж)	[lóʃka]
cucharilla (f)	чайная ложка (ж)	[ʧájnaja lóʃka]
cuchara (f) de sopa	столовая ложка (ж)	[stɔlóvaja lóʃka]
tenedor (m)	вилка (ж)	[vílka]
cuchillo (m)	нож (м)	[nóʃ]

vajilla (f)	посуда (ж)	[pɔsúda]
plato (m)	тарелка (ж)	[tarélka]
platillo (m)	блюдце (c)	[blʲúʦe]

vaso (m) de chupito	рюмка (ж)	[rʲúmka]
vaso (m) (~ de agua)	стакан (м)	[stakán]
taza (f)	чашка (ж)	[ʧáʃka]

azucarera (f)	сахарница (ж)	[sáharniʦa]
salero (m)	солонка (ж)	[sɔlónka]
pimentero (m)	перечница (ж)	[péreʧniʦa]
mantequera (f)	маслёнка (ж)	[maslʲónka]

cacerola (f)	кастрюля (ж)	[kastrʲúlʲa]
sartén (f)	сковородка (ж)	[skɔvɔrótka]
cucharón (m)	половник (м)	[pɔlóvnik]
colador (m)	дуршлаг (м)	[durʃlág]
bandeja (f)	поднос (м)	[pɔdnós]

botella (f)	бутылка (ж)	[butɨ́lka]
tarro (m) de vidrio	банка (ж)	[bánka]
lata (f)	банка (ж)	[bánka]

abrebotellas (m)	открывалка (ж)	[ɔtkriválka]
abrelatas (m)	открывалка (ж)	[ɔtkriválka]
sacacorchos (m)	штопор (м)	[ʃtópɔr]
filtro (m)	фильтр (м)	[fílʲtr]
filtrar (vt)	фильтровать (нсв, пх)	[filʲtrɔvátʲ]

| basura (f) | мусор (м) | [músɔr] |
| cubo (m) de basura | мусорное ведро (c) | [músɔrnɔe vedró] |

72. El baño

cuarto (m) de baño	ванная комната (ж)	[vánnaja kómnata]
agua (f)	вода (ж)	[vɔdá]
grifo (m)	кран (м)	[krán]
agua (f) caliente	горячая вода (ж)	[gɔrʲáʧaja vɔdá]
agua (f) fría	холодная вода (ж)	[hɔlódnaja vɔdá]
pasta (f) de dientes	зубная паста (ж)	[zubnája pásta]
limpiarse los dientes	чистить зубы	[ʧístitʲ zúbi]

cepillo (m) de dientes	зубная щётка (ж)	[zubnája ʃǿtka]
afeitarse (vr)	бриться (нсв, возв)	[brítsa]
espuma (f) de afeitar	пена (ж) для бритья	[péna dlʲa britjá]
maquinilla (f) de afeitar	бритва (ж)	[brítva]
lavar (vt)	мыть (нсв, пх)	[mītʲ]
darse un baño	мыться (нсв, возв)	[mītsa]
ducha (f)	душ (м)	[dúʃ]
darse una ducha	принимать душ	[prinimátʲ dúʃ]
bañera (f)	ванна (ж)	[vánna]
inodoro (m)	унитаз (м)	[unitás]
lavabo (m)	раковина (ж)	[rákɔvina]
jabón (m)	мыло (c)	[mīlɔ]
jabonera (f)	мыльница (ж)	[mīlʲnitsa]
esponja (f)	губка (ж)	[gúpka]
champú (m)	шампунь (м)	[ʃampúnʲ]
toalla (f)	полотенце (c)	[pɔlɔténtse]
bata (f) de baño	халат (м)	[halát]
colada (f), lavado (m)	стирка (ж)	[stírka]
lavadora (f)	стиральная машина (ж)	[stirálʲnaja maʃīna]
lavar la ropa	стирать бельё	[stirátʲ beljǿ]
detergente (m) en polvo	стиральный порошок (м)	[stirálʲnij pɔrɔʃók]

73. Los aparatos domésticos

televisor (m)	телевизор (м)	[televízɔr]
magnetófono (m)	магнитофон (м)	[magnitɔfón]
vídeo (m)	видеомагнитофон (м)	[vídeɔ·magnitɔfón]
radio (m)	приёмник (м)	[prijómnik]
reproductor (m) (~ MP3)	плеер (м)	[plǽjer]
proyector (m) de vídeo	видеопроектор (м)	[vídeɔ·prɔǽktɔr]
sistema (m) home cinema	домашний кинотеатр (м)	[dɔmáʃnij kinɔteátr]
reproductor (m) de DVD	DVD проигрыватель (м)	[di·vi·dí prɔígrivatelʲ]
amplificador (m)	усилитель (м)	[usilítelʲ]
videoconsola (f)	игровая приставка (ж)	[igrɔvája pristáfka]
cámara (f) de vídeo	видеокамера (ж)	[vídeɔ·kámera]
cámara (f) fotográfica	фотоаппарат (м)	[fɔtɔ·aparát]
cámara (f) digital	цифровой фотоаппарат (м)	[tsifrɔvój fɔtɔaparát]
aspirador (m), aspiradora (f)	пылесос (м)	[pilesós]
plancha (f)	утюг (м)	[utʲúg]
tabla (f) de planchar	гладильная доска (ж)	[gladílʲnaja dɔská]

teléfono (m)	телефон (м)	[telefón]
teléfono (m) móvil	мобильный телефон (м)	[mɔbílʲnij telefón]
máquina (f) de coser	швейная машинка (ж)	[ʃvejnaja maʃínka]
micrófono (m)	микрофон (м)	[mikrɔfón]
auriculares (m pl)	наушники (м мн)	[naúʃniki]
mando (m) a distancia	пульт (м)	[púlʲt]
CD (m)	компакт-диск (м)	[kɔmpákt-dísk]
casete (m)	кассета (ж)	[kaséta]
disco (m) de vinilo	пластинка (ж)	[plastínka]

T&P BOOKS

LA TIERRA. EL TIEMPO

T&P Books Publishing

74. El espacio

cosmos (m)	космос (м)	[kósmɔs]
espacial, cósmico (adj)	космический	[kɔsmítʃeskij]
espacio (m) cósmico	космическое пространство	[kɔsmítʃeskɔe prɔstránstvɔ]
mundo (m)	мир (м)	[mír]
universo (m)	вселенная (ж)	[fselénnaja]
galaxia (f)	галактика (ж)	[galáktika]
estrella (f)	звезда (ж)	[zvezdá]
constelación (f)	созвездие (с)	[sɔzvézdie]
planeta (m)	планета (ж)	[planéta]
satélite (m)	спутник (м)	[spútnik]
meteorito (m)	метеорит (м)	[meteɔrít]
cometa (m)	комета (ж)	[kɔméta]
asteroide (m)	астероид (м)	[astɛróid]
órbita (f)	орбита (ж)	[ɔrbíta]
girar (vi)	вращаться (нсв, возв)	[vraʃátsa]
atmósfera (f)	атмосфера (ж)	[atmɔsféra]
Sol (m)	Солнце (с)	[sóntse]
sistema (m) solar	Солнечная система (ж)	[sólnetʃnaja sistéma]
eclipse (m) de Sol	солнечное затмение (с)	[sólnetʃnɔe zatménie]
Tierra (f)	Земля (ж)	[zemlʲá]
Luna (f)	Луна (ж)	[luná]
Marte (m)	Марс (м)	[márs]
Venus (f)	Венера (ж)	[venéra]
Júpiter (m)	Юпитер (м)	[jupíter]
Saturno (m)	Сатурн (м)	[satúrn]
Mercurio (m)	Меркурий (м)	[merkúrij]
Urano (m)	Уран (м)	[urán]
Neptuno (m)	Нептун (м)	[neptún]
Plutón (m)	Плутон (м)	[plutón]
la Vía Láctea	Млечный Путь (м)	[mlétʃnij pútʲ]
la Osa Mayor	Большая Медведица (ж)	[bɔlʲʃája medvéditsa]
la Estrella Polar	Полярная Звезда (ж)	[pɔlʲárnaja zvezdá]
marciano (m)	марсианин (м)	[marsiánin]
extraterrestre (m)	инопланетянин (м)	[inɔplanetʲánin]

| planetícola (m) | пришелец (м) | [priʃǽlets] |
| platillo (m) volante | летающая тарелка (ж) | [letájuʃaja tarélka] |

nave (f) espacial	космический корабль (м)	[kɔsmítʃeskij kɔráblʲ]
estación (f) orbital	орбитальная станция (ж)	[ɔrbitálʲnaja stántsija]
despegue (m)	старт (м)	[stárt]

motor (m)	двигатель (м)	[dvígatelʲ]
tobera (f)	сопло (с)	[sɔpló]
combustible (m)	топливо (с)	[tóplivɔ]

carlinga (f)	кабина (ж)	[kabína]
antena (f)	антенна (ж)	[antǽna]
ventana (f)	иллюминатор (м)	[ilʲuminátɔr]
batería (f) solar	солнечная батарея (ж)	[sólnetʃnaja bataréja]
escafandra (f)	скафандр (м)	[skafándr]

| ingravidez (f) | невесомость (ж) | [nevesómɔstʲ] |
| oxígeno (m) | кислород (м) | [kislɔród] |

| atraque (m) | стыковка (ж) | [stikófka] |
| realizar el atraque | производить стыковку | [prɔizvɔdítʲ stikófku] |

observatorio (m)	обсерватория (ж)	[ɔpservatórija]
telescopio (m)	телескоп (м)	[teleskóp]
observar (vt)	наблюдать (нсв, нпх)	[nablʲudátʲ]
explorar (~ el universo)	исследовать (н/св, пх)	[islédɔvatʲ]

75. La tierra

Tierra (f)	Земля (ж)	[zemlʲá]
globo (m) terrestre	земной шар (м)	[zemnój ʃár]
planeta (m)	планета (ж)	[planéta]

atmósfera (f)	атмосфера (ж)	[atmɔsféra]
geografía (f)	география (ж)	[geɔgráfija]
naturaleza (f)	природа (ж)	[priróda]

globo (m) terráqueo	глобус (м)	[glóbus]
mapa (m)	карта (ж)	[kárta]
atlas (m)	атлас (м)	[átlas]

Europa (f)	Европа (ж)	[evrópa]
Asia (f)	Азия (ж)	[ázija]
África (f)	Африка (ж)	[áfrika]
Australia (f)	Австралия (ж)	[afstrálija]
América (f)	Америка (ж)	[amérika]
América (f) del Norte	Северная Америка (ж)	[sévernaja amérika]

América (f) del Sur	Южная Америка (ж)	[júʒnaja amérika]
Antártida (f)	Антарктида (ж)	[antarktída]
Ártico (m)	Арктика (ж)	[árktika]

76. Los puntos cardinales

norte (m)	север (м)	[séver]
al norte	на север	[na séver]
en el norte	на севере	[na sévere]
del norte (adj)	северный	[sévernij]
sur (m)	юг (м)	[júg]
al sur	на юг	[na júg]
en el sur	на юге	[na júge]
del sur (adj)	южный	[júʒnij]
oeste (m)	запад (м)	[západ]
al oeste	на запад	[na západ]
en el oeste	на западе	[na západe]
del oeste (adj)	западный	[západnij]
este (m)	восток (м)	[vɔstók]
al este	на восток	[na vɔstók]
en el este	на востоке	[na vɔstóke]
del este (adj)	восточный	[vɔstótʃnij]

77. El mar. El océano

mar (m)	море (с)	[móre]
océano (m)	океан (м)	[ɔkeán]
golfo (m)	залив (м)	[zalíf]
estrecho (m)	пролив (м)	[prɔlíf]
tierra (f) firme	земля (ж), суша (ж)	[zemlʲá], [súʃa]
continente (m)	материк (м)	[materík]
isla (f)	остров (м)	[óstrɔf]
península (f)	полуостров (м)	[pɔlu·óstrɔf]
archipiélago (m)	архипелаг (м)	[arhipelág]
bahía (f)	бухта (ж)	[búhta]
ensenada, bahía (f)	гавань (ж)	[gávanʲ]
laguna (f)	лагуна (ж)	[lagúna]
cabo (m)	мыс (м)	[mɨs]
atolón (m)	атолл (м)	[atól]
arrecife (m)	риф (м)	[ríf]
coral (m)	коралл (м)	[kɔrál]
arrecife (m) de coral	коралловый риф (м)	[kɔrálɔvij ríf]

profundo (adj)	глубокий	[glubókij]
profundidad (f)	глубина (ж)	[glubiná]
abismo (m)	бездна (ж)	[bézdna]
fosa (f) oceánica	впадина (ж)	[fpádina]
corriente (f)	течение (с)	[tetʃénie]
bañar (rodear)	омывать (нсв, пх)	[ɔmivátʲ]
orilla (f)	побережье (с)	[pɔberéʒje]
costa (f)	берег (м)	[béreg]
flujo (m)	прилив (м)	[prilíf]
reflujo (m)	отлив (м)	[ɔtlíf]
banco (m) de arena	отмель (ж)	[ótmelʲ]
fondo (m)	дно (с)	[dnó]
ola (f)	волна (ж)	[vɔlná]
cresta (f) de la ola	гребень (м) волны	[grébenʲ vɔlní]
espuma (f)	пена (ж)	[péna]
tempestad (f)	буря (ж)	[búrʲa]
huracán (m)	ураган (м)	[uragán]
tsunami (m)	цунами (с)	[ʦunámi]
bonanza (f)	штиль (м)	[ʃtílʲ]
calmo, tranquilo	спокойный	[spɔkójnij]
polo (m)	полюс (м)	[pólʲus]
polar (adj)	полярный	[pɔlʲárnij]
latitud (f)	широта (ж)	[ʃirɔtá]
longitud (f)	долгота (ж)	[dɔlgɔtá]
paralelo (m)	параллель (ж)	[paralélʲ]
ecuador (m)	экватор (м)	[ɛkvátɔr]
cielo (m)	небо (с)	[nébɔ]
horizonte (m)	горизонт (м)	[gɔrizónt]
aire (m)	воздух (м)	[vózduh]
faro (m)	маяк (м)	[maják]
bucear (vi)	нырять (нсв, нпх)	[nirʲátʲ]
hundirse (vr)	затонуть (св, нпх)	[zatɔnútʲ]
tesoros (m pl)	сокровища (мн)	[sɔkróviʃa]

78. Los nombres de los mares y los océanos

océano (m) Atlántico	Атлантический океан (м)	[atlantítʃeskij ɔkeán]
océano (m) Índico	Индийский океан (м)	[indíjskij ɔkeán]
océano (m) Pacífico	Тихий океан (м)	[tíhij ɔkeán]
océano (m) Glacial Ártico	Северный Ледовитый океан (м)	[sévernij ledɔvítij ɔkeán]

mar (m) Negro	Чёрное море (c)	[tʃórnɔe móre]
mar (m) Rojo	Красное море (c)	[krásnɔe móre]
mar (m) Amarillo	Жёлтое море (c)	[ʒóltɔe móre]
mar (m) Blanco	Белое море (c)	[bélɔe móre]
mar (m) Caspio	Каспийское море (c)	[kaspíjskɔe móre]
mar (m) Muerto	Мёртвое море (c)	[mǿrtvɔe móre]
mar (m) Mediterráneo	Средиземное море (c)	[sredizémnɔe móre]
mar (m) Egeo	Эгейское море (c)	[ɛgéjskɔe móre]
mar (m) Adriático	Адриатическое море (c)	[adriatítʃeskɔe móre]
mar (m) Arábigo	Аравийское море (c)	[aravíjskɔe móre]
mar (m) del Japón	японское море (c)	[jɪpónskɔe móre]
mar (m) de Bering	Берингово море (c)	[béringɔvɔ móre]
mar (m) de la China Meridional	Южно-Китайское море (c)	[júʒnɔ-kitájskɔe móre]
mar (m) del Coral	Коралловое море (c)	[kɔrálɔvɔe móre]
mar (m) de Tasmania	Тасманово море (c)	[tasmánɔvɔ móre]
mar (m) Caribe	Карибское море (c)	[karíbskɔe móre]
mar (m) de Barents	Баренцево море (c)	[bárentsɛvɔ móre]
mar (m) de Kara	Карское море (c)	[kárskɔe móre]
mar (m) del Norte	Северное море (c)	[sévernɔe móre]
mar (m) Báltico	Балтийское море (c)	[baltíjskɔe móre]
mar (m) de Noruega	Норвежское море (c)	[nɔrvéʒskɔe móre]

79. Las montañas

montaña (f)	гора (ж)	[gɔrá]
cadena (f) de montañas	горная цепь (ж)	[górnaja tsæpʲ]
cresta (f) de montañas	горный хребет (м)	[górnij hrebét]
cima (f)	вершина (ж)	[verʃína]
pico (m)	пик (м)	[pík]
pie (m)	подножие (c)	[pɔdnóʒie]
cuesta (f)	склон (м)	[sklón]
volcán (m)	вулкан (м)	[vulkán]
volcán (m) activo	действующий вулкан (м)	[déjstvujuʃij vulkán]
volcán (m) apagado	потухший вулкан (м)	[pɔtúhʃij vulkán]
erupción (f)	извержение (c)	[izverʒǽnie]
cráter (m)	кратер (м)	[krátɛr]
magma (m)	магма (ж)	[mágma]
lava (f)	лава (ж)	[láva]
fundido (lava ~a)	раскалённый	[raskalǿnnij]

cañón (m)	каньон (м)	[kanjón]
desfiladero (m)	ущелье (с)	[uʃélje]
grieta (f)	расщелина (ж)	[raʃélina]
puerto (m) (paso)	перевал (м)	[perevál]
meseta (f)	плато (с)	[plató]
roca (f)	скала (ж)	[skalá]
colina (f)	холм (м)	[hólm]
glaciar (m)	ледник (м)	[ledník]
cascada (f)	водопад (м)	[vɔdɔpád]
geiser (m)	гейзер (м)	[géjzer]
lago (m)	озеро (с)	[ózerɔ]
llanura (f)	равнина (ж)	[ravnína]
paisaje (m)	пейзаж (м)	[pejzáʃ]
eco (m)	эхо (с)	[æhɔ]
alpinista (m)	альпинист (м)	[alʲpiníst]
escalador (m)	скалолаз (м)	[skalɔlás]
conquistar (vt)	покорять (нсв, пх)	[pɔkɔrʲátʲ]
ascensión (f)	восхождение (с)	[vɔsxɔʒdénie]

80. Los nombres de las montañas

Alpes (m pl)	Альпы (мн)	[álʲpi]
Montblanc (m)	Монблан (м)	[mɔnblán]
Pirineos (m pl)	Пиренеи (мн)	[pirenéi]
Cárpatos (m pl)	Карпаты (мн)	[karpáti]
Urales (m pl)	Уральские горы (мн)	[urálʲskie góri]
Cáucaso (m)	Кавказ (м)	[kafkás]
Elbrus (m)	Эльбрус (м)	[ɛlʲbrús]
Altai (m)	Алтай (м)	[altáj]
Tian-Shan (m)	Тянь-Шань (ж)	[tʲánʲ-ʃánʲ]
Pamir (m)	Памир (м)	[pamír]
Himalayos (m pl)	Гималаи (мн)	[gimalái]
Everest (m)	Эверест (м)	[ɛverést]
Andes (m pl)	Анды (мн)	[ándi]
Kilimanjaro (m)	Килиманджаро (ж)	[kilimandʒárɔ]

81. Los ríos

río (m)	река (ж)	[reká]
manantial (m)	источник (м)	[istótʃnik]
lecho (m) (curso de agua)	русло (с)	[rúslɔ]

cuenca (f) fluvial	бассейн (м)	[basǽjn]
desembocar en …	впадать в … (нсв)	[fpadátʲ f …]
afluente (m)	приток (м)	[pritók]
ribera (f)	берег (м)	[béreg]
corriente (f)	течение (c)	[tetʃénie]
río abajo (adv)	вниз по течению	[vnís pɔ tetʃéniju]
río arriba (adv)	вверх по течению	[vvérh pɔ tetʃéniju]
inundación (f)	наводнение (c)	[navɔdnénie]
riada (f)	половодье (c)	[pɔlɔvódje]
desbordarse (vr)	разливаться (нсв, возв)	[razlivátsa]
inundar (vt)	затоплять (нсв, пх)	[zatɔplʲátʲ]
bajo (m) arenoso	мель (ж)	[mélʲ]
rápido (m)	порог (м)	[pɔróg]
presa (f)	плотина (ж)	[plɔtína]
canal (m)	канал (м)	[kanál]
lago (m) artificiale	водохранилище (c)	[vódɔ·hrániliʃe]
esclusa (f)	шлюз (м)	[ʃlʲús]
cuerpo (m) de agua	водоём (м)	[vɔdɔjóm]
pantano (m)	болото (c)	[bɔlótɔ]
ciénaga (f)	трясина (ж)	[trɪsína]
remolino (m)	водоворот (м)	[vɔdɔvɔrót]
arroyo (m)	ручей (м)	[rutʃéj]
potable (adj)	питьевой	[pitjevój]
dulce (agua ~)	пресный	[présnɪj]
hielo (m)	лёд (м)	[lǿd]
helarse (el lago, etc.)	замёрзнуть (св, нпх)	[zamǿrznutʲ]

82. Los nombres de los ríos

Sena (m)	Сена (ж)	[séna]
Loira (m)	Луара (ж)	[luára]
Támesis (m)	Темза (ж)	[tǽmza]
Rin (m)	Рейн (м)	[rǽjn]
Danubio (m)	Дунай (м)	[dunáj]
Volga (m)	Волга (ж)	[vólga]
Don (m)	Дон (м)	[dón]
Lena (m)	Лена (ж)	[léna]
Río (m) Amarillo	Хуанхэ (ж)	[huanhǽ]
Río (m) Azul	янцзы (ж)	[jɪntszɨ̃]

Mekong (m)	Меконг (м)	[mekóng]
Ganges (m)	Ганг (м)	[gáng]
Nilo (m)	Нил (м)	[níl]
Congo (m)	Конго (ж)	[kóngɔ]
Okavango (m)	Окаванго (ж)	[ɔkavángɔ]
Zambeze (m)	Замбези (ж)	[zambézi]
Limpopo (m)	Лимпопо (ж)	[limpɔpó]
Misisipi (m)	Миссисипи (ж)	[misisípi]

83. El bosque

bosque (m)	лес (м)	[lés]
de bosque (adj)	лесной	[lesnój]
espesura (f)	чаща (ж)	[ʧáʃa]
bosquecillo (m)	роща (ж)	[róʃa]
claro (m)	поляна (ж)	[pɔlʲána]
maleza (f)	заросли (мн)	[zárɔsli]
matorral (m)	кустарник (м)	[kustárnik]
senda (f)	тропинка (ж)	[trɔpínka]
barranco (m)	овраг (м)	[ɔvrág]
árbol (m)	дерево (с)	[dérevɔ]
hoja (f)	лист (м)	[líst]
follaje (m)	листва (ж)	[listvá]
caída (f) de hojas	листопад (м)	[listɔpád]
caer (las hojas)	опадать (нсв, нпх)	[ɔpadátʲ]
cima (f)	верхушка (ж)	[verhúʃka]
rama (f)	ветка (ж)	[vétka]
rama (f) (gruesa)	сук (м)	[súk]
brote (m)	почка (ж)	[póʧka]
aguja (f)	игла (ж)	[iglá]
piña (f)	шишка (ж)	[ʃíʃka]
agujero (m)	дупло (с)	[duplό]
nido (m)	гнездо (с)	[gnezdό]
tronco (m)	ствол (м)	[stvόl]
raíz (f)	корень (м)	[kόrenʲ]
corteza (f)	кора (ж)	[kɔrá]
musgo (m)	мох (м)	[mόh]
extirpar (vt)	корчевать (нсв, пх)	[kɔrʧevátʲ]
talar (vt)	рубить (нсв, пх)	[rubítʲ]
deforestar (vt)	вырубать лес	[virubátʲ lʲés]

tocón (m)	пень (м)	[pénʲ]
hoguera (f)	костёр (м)	[kɔstǿr]
incendio (m) forestal	пожар (м)	[pɔʒár]
apagar (~ el incendio)	тушить (нсв, пх)	[tuʃítʲ]

guarda (m) forestal	лесник (м)	[lesník]
protección (f)	охрана (ж)	[ɔhrána]
proteger (vt)	охранять (нсв, пх)	[ɔhranʲátʲ]
cazador (m) furtivo	браконьер (м)	[brakɔnjér]
cepo (m)	капкан (м)	[kapkán]

recoger (setas, bayas)	собирать (нсв, пх)	[sɔbirátʲ]
perderse (vr)	заблудиться (св, возв)	[zabludítsa]

84. Los recursos naturales

recursos (m pl) naturales	природные ресурсы (м мн)	[priródnie resúrsɨ]
recursos (m pl) subterráneos	полезные ископаемые (с мн)	[pɔléznie iskɔpáemie]
depósitos (m pl)	залежи (мн)	[záleʒɨ]
yacimiento (m)	месторождение (с)	[mestɔrɔʒdénie]

extraer (vt)	добывать (нсв, пх)	[dɔbivátʲ]
extracción (f)	добыча (ж)	[dɔbɨ̈tʃa]
mena (f)	руда (ж)	[rudá]
mina (f)	рудник (м)	[rudník]
pozo (m) de mina	шахта (ж)	[ʃáhta]
minero (m)	шахтёр (м)	[ʃahtǿr]

gas (m)	газ (м)	[gás]
gasoducto (m)	газопровод (м)	[gazo·prɔvód]

petróleo (m)	нефть (ж)	[néftʲ]
oleoducto (m)	нефтепровод (м)	[nefte·prɔvód]
pozo (m) de petróleo	нефтяная вышка (ж)	[neftɪnája vɨ̈ʃka]
torre (f) de sondeo	буровая вышка (ж)	[burɔvája vɨ̈ʃka]
petrolero (m)	танкер (м)	[tánker]

arena (f)	песок (м)	[pesók]
caliza (f)	известняк (м)	[izvesnʲák]
grava (f)	гравий (м)	[grávij]
turba (f)	торф (м)	[tórf]
arcilla (f)	глина (ж)	[glína]
carbón (m)	уголь (м)	[úgɔlʲ]

hierro (m)	железо (с)	[ʒelézɔ]
oro (m)	золото (с)	[zólɔtɔ]
plata (f)	серебро (с)	[serebró]
níquel (m)	никель (м)	[níkelʲ]

cobre (m)	медь (ж)	[métʲ]
zinc (m)	цинк (м)	[ʦĩnk]
manganeso (m)	марганец (м)	[márganets]
mercurio (m)	ртуть (ж)	[rtútʲ]
plomo (m)	свинец (м)	[svinéts]

mineral (m)	минерал (м)	[minerál]
cristal (m)	кристалл (м)	[kristál]
mármol (m)	мрамор (м)	[mrámɔr]
uranio (m)	уран (м)	[urán]

85. El tiempo

tiempo (m)	погода (ж)	[pɔgóda]
previsión (f) del tiempo	прогноз (м) погоды	[prɔgnós pɔgódi]
temperatura (f)	температура (ж)	[temperatúra]
termómetro (m)	термометр (м)	[termómetr]
barómetro (m)	барометр (м)	[barómetr]

húmedo (adj)	влажный	[vláʒnij]
humedad (f)	влажность (ж)	[vláʒnɔstʲ]
bochorno (m)	жара (ж)	[ʒará]
tórrido (adj)	жаркий	[ʒárkij]
hace mucho calor	жарко	[ʒárkɔ]

| hace calor (templado) | тепло | [tepló] |
| templado (adj) | тёплый | [tǿplij] |

| hace frío | холодно | [hólɔdnɔ] |
| frío (adj) | холодный | [hɔlódnij] |

sol (m)	солнце (с)	[sónʦe]
brillar (vi)	светить (нсв, нпх)	[svetítʲ]
soleado (un día ~)	солнечный	[sólnetʃnij]
elevarse (el sol)	взойти (св, нпх)	[vzɔjtí]
ponerse (vr)	сесть (св, нпх)	[séstʲ]

nube (f)	облако (с)	[óblakɔ]
nuboso (adj)	облачный	[óblatʃnij]
nubarrón (m)	туча (ж)	[tútʃa]
nublado (adj)	пасмурный	[pásmurnij]

lluvia (f)	дождь (м)	[dóʃtʲ], [dóʃ]
está lloviendo	идёт дождь	[idǿt dóʃtʲ]
lluvioso (adj)	дождливый	[dɔʒdlívij]
lloviznar (vi)	моросить (нсв, нпх)	[mɔrɔsítʲ]

aguacero (m)	проливной дождь (м)	[prɔlivnój dóʃtʲ]
chaparrón (m)	ливень (м)	[lívenʲ]
fuerte (la lluvia ~)	сильный	[sílʲnij]

charco (m)	**лужа** (ж)	[lúʒa]
mojarse (vr)	**промокнуть** (св, нпх)	[prɔmóknutʲ]
niebla (f)	**туман** (м)	[tumán]
nebuloso (adj)	**туманный**	[tumánnij]
nieve (f)	**снег** (м)	[snég]
está nevando	**идёт снег**	[idǿt snég]

86. Los eventos climáticos severos. Los desastres naturales

tormenta (f)	**гроза** (ж)	[grɔzá]
relámpago (m)	**молния** (ж)	[mólnija]
relampaguear (vi)	**сверкать** (нсв, нпх)	[sverkátʲ]
trueno (m)	**гром** (м)	[gróm]
tronar (vi)	**греметь** (нсв, нпх)	[gremétʲ]
está tronando	**гремит гром**	[gremít gróm]
granizo (m)	**град** (м)	[grád]
está granizando	**идёт град**	[idǿt grád]
inundar (vt)	**затопить** (св, пх)	[zatɔpítʲ]
inundación (f)	**наводнение** (с)	[navɔdnénie]
terremoto (m)	**землетрясение** (с)	[zemletrɪsénie]
sacudida (f)	**толчок** (м)	[tɔltʃók]
epicentro (m)	**эпицентр** (м)	[ɛpitsǽntr]
erupción (f)	**извержение** (с)	[izverʒǽnie]
lava (f)	**лава** (ж)	[láva]
torbellino (m)	**смерч** (м)	[smértʃ]
tornado (m)	**торнадо** (м)	[tɔrnádɔ]
tifón (m)	**тайфун** (м)	[tajfún]
huracán (m)	**ураган** (м)	[uragán]
tempestad (f)	**буря** (ж)	[búrʲa]
tsunami (m)	**цунами** (с)	[tsunámi]
ciclón (m)	**циклон** (м)	[tsiklón]
mal tiempo (m)	**непогода** (ж)	[nepɔgóda]
incendio (m)	**пожар** (м)	[pɔʒár]
catástrofe (f)	**катастрофа** (ж)	[katastrófa]
meteorito (m)	**метеорит** (м)	[meteɔrít]
avalancha (f)	**лавина** (ж)	[lavína]
alud (m) de nieve	**обвал** (м)	[ɔbvál]
ventisca (f)	**метель** (ж)	[metélʲ]
nevasca (f)	**вьюга** (ж)	[vjúga]

LA FAUNA

T&P Books Publishing

87. Los mamíferos. Los predadores

carnívoro (m)	хищник (м)	[híʃnik]
tigre (m)	тигр (м)	[tígr]
león (m)	лев (м)	[léf]
lobo (m)	волк (м)	[vólk]
zorro (m)	лиса (ж)	[lisá]

jaguar (m)	ягуар (м)	[jɪguár]
leopardo (m)	леопард (м)	[leɔpárd]
guepardo (m)	гепард (м)	[gepárd]

pantera (f)	пантера (ж)	[pantǽra]
puma (f)	пума (ж)	[púma]
leopardo (m) de las nieves	снежный барс (м)	[snéʒnij bárs]
lince (m)	рысь (ж)	[rɪ̃sʲ]

coyote (m)	койот (м)	[kɔjót]
chacal (m)	шакал (м)	[ʃakál]
hiena (f)	гиена (ж)	[giéna]

88. Los animales salvajes

| animal (m) | животное (с) | [ʒɪvótnɔe] |
| bestia (f) | зверь (м) | [zvérʲ] |

ardilla (f)	белка (ж)	[bélka]
erizo (m)	ёж (м)	[jóʃ]
liebre (f)	заяц (м)	[záɪts]
conejo (m)	кролик (м)	[królik]

tejón (m)	барсук (м)	[barsúk]
mapache (m)	енот (м)	[enót]
hámster (m)	хомяк (м)	[hɔmʲák]
marmota (f)	сурок (м)	[surók]

topo (m)	крот (м)	[krót]
ratón (m)	мышь (ж)	[mɪ̃ʃ]
rata (f)	крыса (ж)	[krɪ̃sa]
murciélago (m)	летучая мышь (ж)	[letúʧaja mɪ̃ʃ]

armiño (m)	горностай (м)	[gɔrnɔstáj]
cebellina (f)	соболь (м)	[sóbɔlʲ]
marta (f)	куница (ж)	[kunítsa]

| comadreja (f) | ласка (ж) | [láska] |
| visón (m) | норка (ж) | [nórka] |

| castor (m) | бобр (м) | [bóbr] |
| nutria (f) | выдра (ж) | [vĭdra] |

caballo (m)	лошадь (ж)	[lóʃatʲ]
alce (m)	лось (м)	[lósʲ]
ciervo (m)	олень (м)	[ɔlénʲ]
camello (m)	верблюд (м)	[verblʲúd]

bisonte (m)	бизон (м)	[bizón]
uro (m)	зубр (м)	[zúbr]
búfalo (m)	буйвол (м)	[bújvɔl]

cebra (f)	зебра (ж)	[zébra]
antílope (m)	антилопа (ж)	[antilópa]
corzo (m)	косуля (ж)	[kɔsúlʲa]
gamo (m)	лань (ж)	[lánʲ]
gamuza (f)	серна (ж)	[sérna]
jabalí (m)	кабан (м)	[kabán]

ballena (f)	кит (м)	[kít]
foca (f)	тюлень (м)	[tʲulénʲ]
morsa (f)	морж (м)	[mórʃ]
oso (m) marino	котик (м)	[kótik]
delfín (m)	дельфин (м)	[delʲfín]

oso (m)	медведь (м)	[medvétʲ]
oso (m) blanco	белый медведь (м)	[bélij medvétʲ]
panda (f)	панда (ж)	[pánda]

mono (m)	обезьяна (ж)	[ɔbezjána]
chimpancé (m)	шимпанзе (с)	[ʃimpanzǽ]
orangután (m)	орангутанг (м)	[ɔrangutáng]
gorila (m)	горилла (ж)	[gɔríla]
macaco (m)	макака (ж)	[makáka]
gibón (m)	гиббон (м)	[gibón]

| elefante (m) | слон (м) | [slón] |
| rinoceronte (m) | носорог (м) | [nɔsɔróg] |

| jirafa (f) | жираф (м) | [ʒɨráf] |
| hipopótamo (m) | бегемот (м) | [begemót] |

| canguro (m) | кенгуру (м) | [kengurú] |
| koala (f) | коала (ж) | [kɔála] |

mangosta (f)	мангуст (м)	[mangúst]
chinchilla (f)	шиншилла (ж)	[ʃinʃĭla]
mofeta (f)	скунс (м)	[skúns]
espín (m)	дикобраз (м)	[dikɔbrás]

89. Los animales domésticos

gata (f)	кошка (ж)	[kóʃka]
gato (m)	кот (м)	[kót]
caballo (m)	лошадь (ж)	[lóʃatʲ]
garañón (m)	жеребец (м)	[ʒerebéts]
yegua (f)	кобыла (ж)	[kɔbĩla]
vaca (f)	корова (ж)	[kɔróva]
toro (m)	бык (м)	[bĩk]
buey (m)	вол (м)	[vól]
oveja (f)	овца (ж)	[ɔftsá]
carnero (m)	баран (м)	[barán]
cabra (f)	коза (ж)	[kɔzá]
cabrón (m)	козёл (м)	[kɔzǿl]
asno (m)	осёл (м)	[ɔsǿl]
mulo (m)	мул (м)	[múl]
cerdo (m)	свинья (ж)	[svinjá]
cerdito (m)	поросёнок (м)	[pɔrɔsǿnɔk]
conejo (m)	кролик (м)	[królik]
gallina (f)	курица (ж)	[kúritsa]
gallo (m)	петух (м)	[petúh]
pato (m)	утка (ж)	[útka]
ánade (m)	селезень (м)	[sélezenʲ]
ganso (m)	гусь (м)	[gúsʲ]
pavo (m)	индюк (м)	[indʲúk]
pava (f)	индюшка (ж)	[indʲúʃka]
animales (m pl) domésticos	домашние животные (с мн)	[dɔmáʃnie ʒivótnie]
domesticado (adj)	ручной	[rutʃnój]
domesticar (vt)	приручать (нсв, пх)	[prirutʃátʲ]
criar (vt)	выращивать (нсв, пх)	[viráʃivatʲ]
granja (f)	ферма (ж)	[férma]
aves (f pl) de corral	домашняя птица (ж)	[dɔmáʃnʲaja ptítsa]
ganado (m)	скот (м)	[skót]
rebaño (m)	стадо (с)	[stádɔ]
caballeriza (f)	конюшня (ж)	[kɔnʲúʃnʲa]
porqueriza (f)	свинарник (м)	[svinárnik]
vaquería (f)	коровник (м)	[kɔróvnik]
conejal (m)	крольчатник (м)	[krɔlʲtʃátnik]
gallinero (m)	курятник (м)	[kurʲátnik]

90. Los pájaros

pájaro (m)	птица (ж)	[ptítsa]
paloma (f)	голубь (м)	[gólupʲ]
gorrión (m)	воробей (м)	[vɔrɔbéj]
carbonero (m)	синица (ж)	[sinítsa]
urraca (f)	сорока (ж)	[sɔróka]
cuervo (m)	ворон (м)	[vórɔn]
corneja (f)	ворона (ж)	[vɔróna]
chova (f)	галка (ж)	[gálka]
grajo (m)	грач (м)	[grátʃ]
pato (m)	утка (ж)	[útka]
ganso (m)	гусь (м)	[gúsʲ]
faisán (m)	фазан (м)	[fazán]
águila (f)	орёл (м)	[ɔrǿl]
azor (m)	ястреб (м)	[jástreb]
halcón (m)	сокол (м)	[sókɔl]
buitre (m)	гриф (м)	[gríf]
cóndor (m)	кондор (м)	[kóndɔr]
cisne (m)	лебедь (м)	[lébetʲ]
grulla (f)	журавль (м)	[ʒurávlʲ]
cigüeña (f)	аист (м)	[áist]
loro (m), papagayo (m)	попугай (м)	[pɔpugáj]
colibrí (m)	колибри (ж)	[kɔlíbri]
pavo (m) real	павлин (м)	[pavlín]
avestruz (m)	страус (м)	[stráus]
garza (f)	цапля (ж)	[tsáplʲa]
flamenco (m)	фламинго (с)	[flamíngɔ]
pelícano (m)	пеликан (м)	[pelikán]
ruiseñor (m)	соловей (м)	[sɔlɔvéj]
golondrina (f)	ласточка (ж)	[lástɔtʃka]
tordo (m)	дрозд (м)	[drózd]
zorzal (m)	певчий дрозд (м)	[péftʃij drózd]
mirlo (m)	чёрный дрозд (м)	[tʃórnij drózd]
vencejo (m)	стриж (м)	[stríʃ]
alondra (f)	жаворонок (м)	[ʒávɔrɔnɔk]
codorniz (f)	перепел (м)	[pérepel]
pájaro carpintero (m)	дятел (м)	[dʲátel]
cuco (m)	кукушка (ж)	[kukúʃka]
lechuza (f)	сова (ж)	[sɔvá]
búho (m)	филин (м)	[fílin]

urogallo (m)	глухарь (м)	[gluhárʲ]
gallo lira (m)	тетерев (м)	[téteref]
perdiz (f)	куропатка (ж)	[kurɔpátka]

estornino (m)	скворец (м)	[skvɔréts]
canario (m)	канарейка (ж)	[kanaréjka]
ortega (f)	рябчик (м)	[rʲáptʃik]
pinzón (m)	зяблик (м)	[zʲáblik]
camachuelo (m)	снегирь (м)	[snegírʲ]

gaviota (f)	чайка (ж)	[tʃájka]
albatros (m)	альбатрос (м)	[alʲbatrós]
pingüino (m)	пингвин (м)	[pingvín]

91. Los peces. Los animales marinos

brema (f)	лещ (м)	[léʃ]
carpa (f)	карп (м)	[kárp]
perca (f)	окунь (м)	[ókunʲ]
siluro (m)	сом (м)	[sóm]
lucio (m)	щука (ж)	[ʃúka]

| salmón (m) | лосось (м) | [lɔsósʲ] |
| esturión (m) | осётр (м) | [ɔsøtr] |

arenque (m)	сельдь (ж)	[sélʲtʲ]
salmón (m) del Atlántico	сёмга (ж)	[sømga]
caballa (f)	скумбрия (ж)	[skúmbrija]
lenguado (m)	камбала (ж)	[kámbala]

lucioperca (f)	судак (м)	[sudák]
bacalao (m)	треска (ж)	[treská]
atún (m)	тунец (м)	[tunéts]
trucha (f)	форель (ж)	[fɔrælʲ]

anguila (f)	угорь (м)	[úgɔrʲ]
raya (f) eléctrica	электрический скат (м)	[ɛlektrítʃeskij skát]
morena (f)	мурена (ж)	[muréna]
piraña (f)	пиранья (ж)	[piránja]

tiburón (m)	акула (ж)	[akúla]
delfín (m)	дельфин (м)	[delʲfín]
ballena (f)	кит (м)	[kít]

centolla (f)	краб (м)	[kráb]
medusa (f)	медуза (ж)	[medúza]
pulpo (m)	осьминог (м)	[ɔsʲminóg]

| estrella (f) de mar | морская звезда (ж) | [mɔrskája zvezdá] |
| erizo (m) de mar | морской ёж (м) | [mɔrskój jóʃ] |

caballito (m) de mar	морской конёк (м)	[mɔrskój kɔnǿk]
ostra (f)	устрица (ж)	[ústritsa]
camarón (m)	креветка (ж)	[krevétka]
bogavante (m)	омар (м)	[ɔmár]
langosta (f)	лангуст (м)	[langúst]

92. Los anfibios. Los reptiles

| serpiente (f) | змея (ж) | [zmejá] |
| venenoso (adj) | ядовитый | [jɪdɔvítij] |

víbora (f)	гадюка (ж)	[gadʲúka]
cobra (f)	кобра (ж)	[kóbra]
pitón (m)	питон (м)	[pitón]
boa (f)	удав (м)	[udáf]

culebra (f)	уж (м)	[úʃ]
serpiente (m) de cascabel	гремучая змея (ж)	[gremútʃaja zmejá]
anaconda (f)	анаконда (ж)	[anakónda]

lagarto (m)	ящерица (ж)	[jáʃʲeritsa]
iguana (f)	игуана (ж)	[iguána]
varano (m)	варан (м)	[varán]
salamandra (f)	саламандра (ж)	[salamándra]
camaleón (m)	хамелеон (м)	[hameleón]
escorpión (m)	скорпион (м)	[skɔrpión]

tortuga (f)	черепаха (ж)	[tʃerepáha]
rana (f)	лягушка (ж)	[lɪgúʃka]
sapo (m)	жаба (ж)	[ʒába]
cocodrilo (m)	крокодил (м)	[krɔkɔdíl]

93. Los insectos

insecto (m)	насекомое (с)	[nasekómɔe]
mariposa (f)	бабочка (ж)	[bábɔtʃka]
hormiga (f)	муравей (м)	[muravéj]
mosca (f)	муха (ж)	[múha]
mosquito (m) (picadura de ~)	комар (м)	[kɔmár]

| escarabajo (m) | жук (м) | [ʒúk] |

avispa (f)	оса (ж)	[ɔsá]
abeja (f)	пчела (ж)	[ptʃelá]
abejorro (m)	шмель (м)	[ʃmélʲ]
moscardón (m)	овод (м)	[óvɔd]
araña (f)	паук (м)	[paúk]
telaraña (f)	паутина (ж)	[pautína]

libélula (f)	стрекоза (ж)	[strekozá]
saltamontes (m)	кузнечик (м)	[kuznétʃik]
mariposa (f) nocturna	мотылёк (м)	[mɔtilǿk]

cucaracha (f)	таракан (м)	[tarakán]
garrapata (f)	клещ (м)	[kléʃ]
pulga (f)	блоха (ж)	[blɔhá]
mosca (f) negra	мошка (ж)	[móʃka]

langosta (f)	саранча (ж)	[sarantʃá]
caracol (m)	улитка (ж)	[ulítka]
grillo (m)	сверчок (м)	[svertʃók]
luciérnaga (f)	светлячок (м)	[svetlɪtʃók]
mariquita (f)	божья коровка (ж)	[bóʒja kɔrófka]
sanjuanero (m)	майский жук (м)	[májskij ʒúk]

sanguijuela (f)	пиявка (ж)	[pijáfka]
oruga (f)	гусеница (ж)	[gúsenitsa]
lombriz (m) de tierra	червь (м)	[tʃérfʲ]
larva (f)	личинка (ж)	[litʃínka]

T&P BOOKS

LA FLORA

T&P Books Publishing

94. Los árboles

árbol (m)	дерево (с)	[dérevɔ]
foliáceo (adj)	лиственное	[lístvenɔe]
conífero (adj)	хвойное	[hvójnɔe]
de hoja perenne	вечнозелёное	[vetʃnɔ·zelǿnɔe]

manzano (m)	яблоня (ж)	[jáblɔnʲa]
peral (m)	груша (ж)	[grúʃa]
cerezo (m)	черешня (ж)	[tʃeréʃnʲa]
guindo (m)	вишня (ж)	[víʃnʲa]
ciruelo (m)	слива (ж)	[slíva]

abedul (m)	берёза (ж)	[berǿza]
roble (m)	дуб (м)	[dúb]
tilo (m)	липа (ж)	[lípa]
pobo (m)	осина (ж)	[ɔsína]
arce (m)	клён (м)	[klǿn]

pícea (f)	ель (ж)	[élʲ]
pino (m)	сосна (ж)	[sɔsná]
alerce (m)	лиственница (ж)	[lístvenitsa]

| abeto (m) | пихта (ж) | [píhta] |
| cedro (m) | кедр (м) | [kédr] |

| álamo (m) | тополь (м) | [tópɔlʲ] |
| serbal (m) | рябина (ж) | [rɪbína] |

| sauce (m) | ива (ж) | [íva] |
| aliso (m) | ольха (ж) | [ɔlʲhá] |

| haya (f) | бук (м) | [búk] |
| olmo (m) | вяз (м) | [vʲás] |

| fresno (m) | ясень (м) | [jásenʲ] |
| castaño (m) | каштан (м) | [kaʃtán] |

magnolia (f)	магнолия (ж)	[magnólija]
palmera (f)	пальма (ж)	[pálʲma]
ciprés (m)	кипарис (м)	[kiparís]

mangle (m)	мангровое дерево (с)	[mángrɔvɔe dérevɔ]
baobab (m)	баобаб (м)	[baɔbáb]
eucalipto (m)	эвкалипт (м)	[ɛfkalípt]
secoya (f)	секвойя (ж)	[sekvója]

95. Los arbustos

mata (f)	куст (м)	[kúst]
arbusto (m)	кустарник (м)	[kustárnik]
vid (f)	виноград (м)	[vinɔgrád]
viñedo (m)	виноградник (м)	[vinɔgrádnik]
frambueso (m)	малина (ж)	[malína]
grosellero (m) negro	чёрная смородина (ж)	[tʃórnaja smɔródina]
grosellero (m) rojo	красная смородина (ж)	[krásnaja smɔródina]
grosellero (m) espinoso	крыжовник (м)	[kriʒóvnik]
acacia (f)	акация (ж)	[akátsija]
berberís (m)	барбарис (м)	[barbarís]
jazmín (m)	жасмин (м)	[ʒasmín]
enebro (m)	можжевельник (м)	[mɔʒevélʲnik]
rosal (m)	розовый куст (м)	[rózɔvij kúst]
escaramujo (m)	шиповник (м)	[ʃipóvnik]

96. Las frutas. Las bayas

manzana (f)	яблоко (с)	[jáblɔkɔ]
pera (f)	груша (ж)	[grúʃa]
ciruela (f)	слива (ж)	[slíva]
fresa (f)	клубника (ж)	[klubníka]
guinda (f)	вишня (ж)	[víʃnʲa]
cereza (f)	черешня (ж)	[tʃeréʃnʲa]
uva (f)	виноград (м)	[vinɔgrád]
frambuesa (f)	малина (ж)	[malína]
grosella (f) negra	чёрная смородина (ж)	[tʃórnaja smɔródina]
grosella (f) roja	красная смородина (ж)	[krásnaja smɔródina]
grosella (f) espinosa	крыжовник (м)	[kriʒóvnik]
arándano (m) agrio	клюква (ж)	[klʲúkva]
naranja (f)	апельсин (м)	[apelʲsín]
mandarina (f)	мандарин (м)	[mandarín]
piña (f)	ананас (м)	[ananás]
banana (f)	банан (м)	[banán]
dátil (m)	финик (м)	[fínik]
limón (m)	лимон (м)	[limón]
albaricoque (m)	абрикос (м)	[abrikós]
melocotón (m)	персик (м)	[pérsik]
kiwi (m)	киви (м)	[kívi]
toronja (f)	грейпфрут (м)	[gréjpfrut]

baya (f)	ягода (ж)	[jágɔda]
bayas (f pl)	ягоды (ж мн)	[jágɔdɨ]
arándano (m) rojo	брусника (ж)	[brusníka]
fresa (f) silvestre	земляника (ж)	[zemlɨníka]
arándano (m)	черника (ж)	[ʧerníka]

97. Las flores. Las plantas

| flor (f) | цветок (м) | [tsvetók] |
| ramo (m) de flores | букет (м) | [bukét] |

rosa (f)	роза (ж)	[róza]
tulipán (m)	тюльпан (м)	[tʲulʲpán]
clavel (m)	гвоздика (ж)	[gvɔzdíka]
gladiolo (m)	гладиолус (м)	[gladiólus]

aciano (m)	василёк (м)	[vasilǿk]
campanilla (f)	колокольчик (м)	[kɔlɔkólʲʧik]
diente (m) de león	одуванчик (м)	[ɔduvánʧik]
manzanilla (f)	ромашка (ж)	[rɔmáʃka]

áloe (m)	алоэ (с)	[alóɛ]
cacto (m)	кактус (м)	[káktus]
ficus (m)	фикус (м)	[fíkus]

azucena (f)	лилия (ж)	[lílija]
geranio (m)	герань (ж)	[geránʲ]
jacinto (m)	гиацинт (м)	[giatsɨnt]

mimosa (f)	мимоза (ж)	[mimóza]
narciso (m)	нарцисс (м)	[nartsɨs]
capuchina (f)	настурция (ж)	[nastúrtsija]

orquídea (f)	орхидея (ж)	[ɔrhidéja]
peonía (f)	пион (м)	[pión]
violeta (f)	фиалка (ж)	[fiálka]

trinitaria (f)	анютины глазки (мн)	[anʲútinɨ gláski]
nomeolvides (f)	незабудка (ж)	[nezabútka]
margarita (f)	маргаритка (ж)	[margarítka]

amapola (f)	мак (м)	[mák]
cáñamo (m)	конопля (ж)	[kɔnɔplʲá]
menta (f)	мята (ж)	[mʲáta]

| muguete (m) | ландыш (м) | [lándɨʃ] |
| campanilla (f) de las nieves | подснежник (м) | [pɔtsnéʒnik] |

| ortiga (f) | крапива (ж) | [krapíva] |
| acedera (f) | щавель (м) | [ʃʲavélʲ] |

nenúfar (m)	кувшинка (ж)	[kufʃínka]
helecho (m)	папоротник (м)	[pápɔrtnik]
liquen (m)	лишайник (м)	[liʃájnik]
invernadero (m) tropical	оранжерея (ж)	[ɔranʒeréja]
césped (m)	газон (м)	[gazón]
macizo (m) de flores	клумба (ж)	[klúmba]
planta (f)	растение (с)	[rasténie]
hierba (f)	трава (ж)	[travá]
hoja (f) de hierba	травинка (ж)	[travínka]
hoja (f)	лист (м)	[líst]
pétalo (m)	лепесток (м)	[lepestók]
tallo (m)	стебель (м)	[stébelʲ]
tubérculo (m)	клубень (м)	[klúbenʲ]
retoño (m)	росток (м)	[rɔstók]
espina (f)	шип (м)	[ʃíp]
florecer (vi)	цвести (нсв, нпх)	[ʦvestí]
marchitarse (vr)	вянуть (нсв, нпх)	[vʲánutʲ]
olor (m)	запах (м)	[zápah]
cortar (vt)	срезать (св, пх)	[srézatʲ]
coger (una flor)	сорвать (св, пх)	[sɔrvátʲ]

98. Los cereales, los granos

grano (m)	зерно (с)	[zernó]
cereales (m pl) (plantas)	зерновые растения (с мн)	[zernɔvĩe rasténija]
espiga (f)	колос (м)	[kólɔs]
trigo (m)	пшеница (ж)	[pʃɛníʦa]
centeno (m)	рожь (ж)	[róʃ]
avena (f)	овёс (м)	[ɔvǿs]
mijo (m)	просо (с)	[prósɔ]
cebada (f)	ячмень (м)	[jɪʧménʲ]
maíz (m)	кукуруза (ж)	[kukurúza]
arroz (m)	рис (м)	[rís]
alforfón (m)	гречиха (ж)	[greʧíha]
guisante (m)	горох (м)	[gɔróh]
fréjol (m)	фасоль (ж)	[fasólʲ]
soya (f)	соя (ж)	[sója]
lenteja (f)	чечевица (ж)	[ʧeʧevíʦa]
habas (f pl)	бобы (мн)	[bɔbĩ]

T&P BOOKS

LOS PAÍSES

T&P Books Publishing

Afganistán (m)	Афганистан (м)	[afganistán]
Albania (f)	Албания (ж)	[albánija]
Alemania (f)	Германия (ж)	[germánija]
Arabia (f) Saudita	Саудовская Аравия (ж)	[saúdɔfskaja arávija]
Argentina (f)	Аргентина (ж)	[argentína]
Armenia (f)	Армения (ж)	[arménija]
Australia (f)	Австралия (ж)	[afstrálija]
Austria (f)	Австрия (ж)	[áfstrija]
Azerbaiyán (m)	Азербайджан (м)	[azerbajdʒán]
Bangladesh (m)	Бангладеш (м)	[bangladéʃ]
Bélgica (f)	Бельгия (ж)	[bélʲgija]
Bielorrusia (f)	Беларусь (ж)	[belarúsʲ]
Bolivia (f)	Боливия (ж)	[bolívija]
Bosnia y Herzegovina	Босния и Герцеговина (ж)	[bósnija i gerʦɛgovína]
Brasil (m)	Бразилия (ж)	[brazílija]
Bulgaria (f)	Болгария (ж)	[bɔlgárija]
Camboya (f)	Камбоджа (ж)	[kambódʒa]
Canadá (f)	Канада (ж)	[kanáda]
Chequia (f)	Чехия (ж)	[tʃéhija]
Chile (m)	Чили (ж)	[tʃíli]
China (f)	Китай (м)	[kitáj]
Chipre (m)	Кипр (м)	[kípr]
Colombia (f)	Колумбия (ж)	[kɔlúmbija]
Corea (f) del Norte	Северная Корея (ж)	[sévernaja kɔréja]
Corea (f) del Sur	Южная Корея (ж)	[júʒnaja kɔréja]
Croacia (f)	Хорватия (ж)	[hɔrvátija]
Cuba (f)	Куба (ж)	[kúba]
Dinamarca (f)	Дания (ж)	[dánija]
Ecuador (m)	Эквадор (м)	[ɛkvadór]
Egipto (m)	Египет (м)	[egípet]
Emiratos (m pl) Árabes Unidos	Объединённые Арабские Эмираты (мн)	[ɔbjedinǿnnie arápskie ɛmiráti]
Escocia (f)	Шотландия (ж)	[ʃotlándija]
Eslovaquia (f)	Словакия (ж)	[slɔvákija]
Eslovenia	Словения (ж)	[slɔvénija]
España (f)	Испания (ж)	[ispánija]
Estados Unidos de América	Соединённые Штаты (мн) Америки	[sɔedinǿnnie ʃtáti amériki]
Estonia (f)	Эстония (ж)	[ɛstónija]
Finlandia (f)	Финляндия (ж)	[finlʲándija]
Francia (f)	Франция (ж)	[frántsija]

100. Los países. Unidad 2

Georgia (f)	Грузия (ж)	[grúzija]
Ghana (f)	Гана (ж)	[gána]
Gran Bretaña (f)	Великобритания (ж)	[velikɔbritánija]
Grecia (f)	Греция (ж)	[grétsija]
Haití (m)	Гаити (м)	[gaíti]
Hungría (f)	Венгрия (ж)	[véngrija]
India (f)	Индия (ж)	[índija]
Indonesia (f)	Индонезия (ж)	[indɔnézija]
Inglaterra (f)	Англия (ж)	[ánglija]
Irak (m)	Ирак (м)	[irák]
Irán (m)	Иран (м)	[irán]
Irlanda (f)	Ирландия (ж)	[irlándija]
Islandia (f)	Исландия (ж)	[islándija]
Islas (f pl) Bahamas	Багамские острова (ж)	[bagámskie ɔstrɔvá]
Israel (m)	Израиль (м)	[izráilʲ]
Italia (f)	Италия (ж)	[itálija]
Jamaica (f)	Ямайка (ж)	[jımájka]
Japón (m)	Япония (ж)	[jıpónija]
Jordania (f)	Иордания (ж)	[iɔrdánija]
Kazajstán (m)	Казахстан (м)	[kazahstán]
Kenia (f)	Кения (ж)	[kénija]
Kirguizistán (m)	Кыргызстан (м)	[kirgizstán]
Kuwait (m)	Кувейт (м)	[kuvéjt]
Laos (m)	Лаос (м)	[laós]
Letonia (f)	Латвия (ж)	[látvija]
Líbano (m)	Ливан (м)	[liván]
Libia (f)	Ливия (ж)	[lívija]
Liechtenstein (m)	Лихтенштейн (м)	[lihtɛnʃtǽjn]
Lituania (f)	Литва (ж)	[litvá]
Luxemburgo (m)	Люксембург (м)	[lʲuksembúrg]
Macedonia	Македония (ж)	[makedónija]
Madagascar (m)	Мадагаскар (м)	[madagaskár]
Malasia (f)	Малайзия (ж)	[malájzija]
Malta (f)	Мальта (ж)	[málʲta]
Marruecos (m)	Марокко (с)	[marókɔ]
Méjico (m)	Мексика (ж)	[méksika]
Moldavia (f)	Молдова (ж)	[mɔldóva]
Mónaco (m)	Монако (с)	[mɔnákɔ]
Mongolia (f)	Монголия (ж)	[mɔngólija]
Montenegro (m)	Черногория (ж)	[ʧernɔgórija]
Myanmar (m)	Мьянма (ж)	[mjánma]

101. Los países. Unidad 3

Namibia (f)	Намибия (ж)	[namíbija]
Nepal (m)	Непал (м)	[nepál]
Noruega (f)	Норвегия (ж)	[norvégija]
Nueva Zelanda (f)	Новая Зеландия (ж)	[nóvaja zelándija]
Países Bajos (m pl)	Нидерланды (мн)	[niderlándi]
Pakistán (m)	Пакистан (м)	[pakistán]
Palestina (f)	Палестина (ж)	[palestína]
Panamá (f)	Панама (ж)	[panáma]
Paraguay (m)	Парагвай (м)	[paragváj]
Perú (m)	Перу (с)	[perú]
Polinesia (f) Francesa	Французская Полинезия (ж)	[frantsúskaja polinǽzija]
Polonia (f)	Польша (ж)	[pólʲʃa]
Portugal (m)	Португалия (ж)	[portugálija]
República (f) Dominicana	Доминиканская республика (ж)	[dominikánskaja respúblika]
República (f) Sudafricana	ЮАР (ж)	[juár]
Rumania (f)	Румыния (ж)	[rumīnija]
Rusia (f)	Россия (ж)	[rosíja]
Senegal (m)	Сенегал (м)	[senegál]
Serbia (f)	Сербия (ж)	[sérbija]
Siria (f)	Сирия (ж)	[sírija]
Suecia (f)	Швеция (ж)	[vétsija]
Suiza (f)	Швейцария (ж)	[vejtsárija]
Surinam (m)	Суринам (м)	[surinám]
Tayikistán (m)	Таджикистан (м)	[tadʒikistán]
Tailandia (f)	Таиланд (м)	[tailánd]
Taiwán (m)	Тайвань (м)	[tajvánʲ]
Tanzania (f)	Танзания (ж)	[tanzánija]
Tasmania (f)	Тасмания (ж)	[tasmánija]
Túnez (m)	Тунис (м)	[tunís]
Turkmenistán (m)	Туркмения (ж)	[turkménija]
Turquía (f)	Турция (ж)	[túrtsija]
Ucrania (f)	Украина (ж)	[ukraína]
Uruguay (m)	Уругвай (м)	[urugváj]
Uzbekistán (m)	Узбекистан (м)	[uzbekistán]
Vaticano (m)	Ватикан (м)	[vatikán]
Venezuela (f)	Венесуэла (ж)	[venesuǽla]
Vietnam (m)	Вьетнам (м)	[vjetnám]
Zanzíbar (m)	Занзибар (м)	[zanzibár]

GLOSARIO GASTRONÓMICO

Esta sección contiene una
gran cantidad de palabras y
términos asociados con la
comida. Este diccionario le hará
más fácil la comprensión
del menú de un restaurante y
la elección del plato adecuado

T&P Books Publishing

¡Que aproveche!	Приятного аппетита!	[prijátnɔvɔ apetíta]
abrebotellas (m)	открывалка (ж)	[ɔtkriválka]
abrelatas (m)	открывалка (ж)	[ɔtkriválka]
aceite (m) de girasol	подсолнечное масло (c)	[pɔtsólnetʃnɔe máslɔ]
aceite (m) de oliva	оливковое масло (c)	[ɔlífkɔvɔe máslɔ]
aceite (m) vegetal	растительное масло (c)	[rastítelʲnɔe máslɔ]
agua (f)	вода (ж)	[vɔdá]
agua (f) mineral	минеральная вода (ж)	[minerálʲnaja vɔdá]
agua (f) potable	питьевая вода (ж)	[pitjevája vɔdá]
aguacate (m)	авокадо (c)	[avɔkádɔ]
ahumado (adj)	копчёный	[kɔptʃónij]
ajo (m)	чеснок (м)	[tʃesnók]
albahaca (f)	базилик (м)	[bazilík]
albaricoque (m)	абрикос (м)	[abrikós]
alcachofa (f)	артишок (м)	[artiʃók]
alforfón (m)	гречиха (ж)	[gretʃíha]
almendra (f)	миндаль (м)	[mindálʲ]
almuerzo (m)	обед (м)	[ɔbéd]
amargo (adj)	горький	[górʲkij]
anís (m)	анис (м)	[anís]
anguila (f)	угорь (м)	[úgɔrʲ]
aperitivo (m)	аперитив (м)	[aperitíf]
apetito (m)	аппетит (м)	[apetít]
apio (m)	сельдерей (м)	[selʲderéj]
arándano (m)	черника (ж)	[tʃerníka]
arándano (m) agrio	клюква (ж)	[klʲúkva]
arándano (m) rojo	брусника (ж)	[brusníka]
arenque (m)	сельдь (ж)	[sélʲtʲ]
arroz (m)	рис (м)	[rís]
atún (m)	тунец (м)	[tunéts]
avellana (f)	лесной орех (м)	[lesnój ɔréh]
avena (f)	овёс (м)	[ɔvǿs]
azúcar (m)	сахар (м)	[sáhar]
azafrán (m)	шафран (м)	[ʃafrán]
azucarado, dulce (adj)	сладкий	[slátkij]
bacalao (m)	треска (ж)	[treská]
banana (f)	банан (м)	[banán]
bar (m)	бар (м)	[bár]
barman (m)	бармен (м)	[bármɛn]
batido (m)	молочный коктейль (м)	[mɔlótʃnij kɔktǽjlʲ]
baya (f)	ягода (ж)	[jágɔda]
bayas (f pl)	ягоды (ж мн)	[jágɔdi]
bebida (f) sin alcohol	безалкогольный напиток (м)	[bezalkɔgólʲnij napítɔk]

bebidas (f pl) alcohólicas	алкогольные напитки (мн)	[alkɔɡólʲnʲe napítki]
beicon (m)	бекон (м)	[bekón]
berenjena (f)	баклажан (м)	[baklaʒán]
bistec (m)	бифштекс (м)	[bifʃtæks]
bocadillo (m)	бутерброд (м)	[buterbród]
boleto (m) áspero	подберёзовик (м)	[pɔdberǿzɔvik]
boleto (m) castaño	подосиновик (м)	[pɔdɔsínovik]
brócoli (m)	капуста брокколи (ж)	[kapústa brókɔli]
brema (f)	лещ (м)	[léʃ]
cóctel (m)	коктейль (м)	[kɔktǽjlʲ]
caballa (f)	скумбрия (ж)	[skúmbrija]
cacahuete (m)	арахис (м)	[aráhis]
café (m)	кофе (м)	[kófe]
café (m) con leche	кофе (м) с молоком	[kófe s mɔlɔkóm]
café (m) solo	чёрный кофе (м)	[ʧórnij kófe]
café (m) soluble	растворимый кофе (м)	[rastvɔrímij kófe]
calabacín (m)	кабачок (м)	[kabaʧók]
calabaza (f)	тыква (ж)	[tíkva]
calamar (m)	кальмар (м)	[kalʲmár]
caldo (m)	бульон (м)	[buljón]
caliente (adj)	горячий	[gɔrʲáʧij]
caloría (f)	калория (ж)	[kalórija]
camarón (m)	креветка (ж)	[krevétka]
camarera (f)	официантка (ж)	[ɔfitsiántka]
camarero (m)	официант (м)	[ɔfitsiánt]
canela (f)	корица (ж)	[kɔríʦa]
cangrejo (m) de mar	краб (м)	[kráb]
capuchino (m)	кофе (м) со сливками	[kófe sɔ slífkami]
caramelo (m)	конфета (ж)	[kɔnféta]
carbohidratos (m pl)	углеводы (мн)	[uglevódi]
carne (f)	мясо (с)	[mʲásɔ]
carne (f) de carnero	баранина (ж)	[baránina]
carne (f) de cerdo	свинина (ж)	[svinína]
carne (f) de ternera	телятина (ж)	[telʲátina]
carne (f) de vaca	говядина (ж)	[gɔvʲádina]
carne (f) picada	фарш (м)	[fárʃ]
carpa (f)	карп (м)	[kárp]
carta (f) de vinos	карта (ж) вин	[kárta vín]
carta (f), menú (m)	меню (с)	[menʲú]
caviar (m)	икра (ж)	[ikrá]
caza (f) menor	дичь (ж)	[díʧʲ]
cebada (f)	ячмень (м)	[jiʧménʲ]
cebolla (f)	лук (м)	[lúk]
cena (f)	ужин (м)	[úʒin]
centeno (m)	рожь (ж)	[róʃ]
cereales (m pl)	зерновые растения (с мн)	[zernɔvíe rasténija]
cereales (m pl) integrales	крупа (ж)	[krupá]
cereza (f)	черешня (ж)	[ʧeréʃnʲa]
cerveza (f)	пиво (с)	[pívɔ]
cerveza (f) negra	тёмное пиво (с)	[tǿmnɔe pívɔ]

cerveza (f) rubia	светлое пиво (c)	[svétloe pívo]
champaña (f)	шампанское (c)	[ʃampánskoe]
chicle (m)	жевательная резинка (ж)	[ʒevátelʲnaja rezínka]
chocolate (m)	шоколад (м)	[ʃokolád]
cilantro (m)	кориандр (м)	[koriándr]
ciruela (f)	слива (ж)	[slíva]
clara (f)	белок (м)	[belók]
clavo (m)	гвоздика (ж)	[gvozdíka]
coñac (m)	коньяк (м)	[konják]
cocido en agua (adj)	варёный	[varǿnij]
cocina (f)	кухня (ж)	[kúhnʲa]
col (f)	капуста (ж)	[kapústa]
col (f) de Bruselas	брюссельская капуста (ж)	[brʲusélʲskaja kapústa]
coliflor (f)	цветная капуста (ж)	[ʦvetnája kapústa]
colmenilla (f)	сморчок (м)	[smortʃók]
comida (f)	еда (ж)	[edá]
comino (m)	тмин (м)	[tmín]
con gas	с газом	[s gázom]
con hielo	со льдом	[so lʲdóm]
condimento (m)	приправа (ж)	[pripráva]
conejo (m)	кролик (м)	[królik]
confitura (f)	джем, конфитюр (м)	[dʒém], [konfitʲúr]
confitura (f)	варенье (c)	[varénje]
congelado (adj)	замороженный	[zamoróʒenij]
conservas (f pl)	консервы (мн)	[konsérvi]
copa (f) de vino	бокал (м)	[bokál]
copos (m pl) de maíz	кукурузные хлопья (мн)	[kukurúznie hlópja]
crema (f) de mantequilla	крем (м)	[krém]
crustáceos (m pl)	ракообразные (мн)	[rakoobráznie]
cuchara (f)	ложка (ж)	[lóʃka]
cuchara (f) de sopa	столовая ложка (ж)	[stolóvaja lóʃka]
cucharilla (f)	чайная ложка (ж)	[tʲájnaja lóʃka]
cuchillo (m)	нож (м)	[nóʃ]
cuenta (f)	счёт (м)	[ʃǿt]
dátil (m)	финик (м)	[fínik]
de chocolate (adj)	шоколадный	[ʃokoládnij]
desayuno (m)	завтрак (м)	[záftrak]
dieta (f)	диета (ж)	[diéta]
eneldo (m)	укроп (м)	[ukróp]
ensalada (f)	салат (м)	[salát]
entremés (m)	закуска (ж)	[zakúska]
espárrago (m)	спаржа (ж)	[spárʒa]
espagueti (m)	спагетти (мн)	[spagéti]
especia (f)	пряность (ж)	[prʲánostʲ]
espiga (f)	колос (м)	[kólos]
espinaca (f)	шпинат (м)	[ʃpinát]
esturión (m)	осетрина (ж)	[osetrína]
fletán (m)	палтус (м)	[páltus]
fréjol (m)	фасоль (ж)	[fasólʲ]
frío (adj)	холодный	[holódnij]

frambuesa (f)	малина (ж)	[malína]
fresa (f)	клубника (ж)	[klubníka]
fresa (f) silvestre	земляника (ж)	[zemlıníka]
frito (adj)	жареный	[ʒárenij]
fruto (m)	фрукт (м)	[frúkt]
gachas (f pl)	каша (ж)	[káʃa]
galletas (f pl)	печенье (с)	[petʃénje]
gallina (f)	курица (ж)	[kúritsa]
ganso (m)	гусь (м)	[gúsʲ]
gaseoso (adj)	газированная	[gaziróvanaja]
ginebra (f)	джин (м)	[dʒīn]
gofre (m)	вафли (мн)	[váfli]
granada (f)	гранат (м)	[granát]
grano (m)	зерно (с)	[zernó]
grasas (f pl)	жиры (мн)	[ʒirī]
grosella (f) espinosa	крыжовник (м)	[kriʒóvnik]
grosella (f) negra	чёрная смородина (ж)	[tʃórnaja smɔródina]
grosella (f) roja	красная смородина (ж)	[krásnaja smɔródina]
guarnición (f)	гарнир (м)	[garnír]
guinda (f)	вишня (ж)	[víʃnʲa]
guisante (m)	горох (м)	[gɔróh]
hígado (m)	печень (ж)	[pétʃenʲ]
habas (f pl)	бобы (мн)	[bɔbī]
hamburguesa (f)	гамбургер (м)	[gámburger]
harina (f)	мука (ж)	[muká]
helado (m)	мороженое (с)	[mɔróʒenɔe]
hielo (m)	лёд (м)	[lʲód]
higo (m)	инжир (м)	[inʒīr]
hoja (f) de laurel	лавровый лист (м)	[lavróvij líst]
huevo (m)	яйцо (с)	[jıjtsó]
huevos (m pl)	яйца (мн)	[jájtsa]
huevos (m pl) fritos	яичница (ж)	[iíʃnitsa]
jamón (m)	ветчина (ж)	[vettʃiná]
jamón (m) fresco	окорок (м)	[ókɔrɔk]
jengibre (m)	имбирь (м)	[imbírʲ]
jugo (m) de tomate	томатный сок (м)	[tɔmátnij sók]
kiwi (m)	киви (м)	[kívi]
langosta (f)	лангуст (м)	[langúst]
leche (f)	молоко (с)	[mɔlɔkó]
leche (f) condensada	сгущённое молоко (с)	[sguʃʲónɔe mɔlɔkó]
lechuga (f)	салат (м)	[salát]
legumbres (f pl)	овощи (м мн)	[óvɔʃʲi]
lengua (f)	язык (м)	[jızīk]
lenguado (m)	камбала (ж)	[kámbala]
lenteja (f)	чечевица (ж)	[tʃetʃevítsa]
licor (m)	ликёр (м)	[likǿr]
limón (m)	лимон (м)	[limón]
limonada (f)	лимонад (м)	[limɔnád]
loncha (f)	ломтик (м)	[lómtik]
lucio (m)	щука (ж)	[ʃʲúka]
lucioperca (f)	судак (м)	[sudák]
maíz (m)	кукуруза (ж)	[kukurúza]

maíz (m)	кукуруза (ж)	[kukurúza]
macarrones (m pl)	макароны (мн)	[makaróni̯]
mandarina (f)	мандарин (м)	[mandarín]
mango (m)	манго (с)	[mángɔ]
mantequilla (f)	сливочное масло (с)	[slívɔʧnɔe máslɔ]
manzana (f)	яблоко (с)	[jáblɔkɔ]
margarina (f)	маргарин (м)	[margarín]
marinado (adj)	маринованный	[marinóvani̯j]
mariscos (m pl)	морепродукты (мн)	[mɔre·prɔdúkti̯]
matamoscas (m)	мухомор (м)	[muhɔmór]
mayonesa (f)	майонез (м)	[majinǽs]
melón (m)	дыня (ж)	[dɪ̃n'a]
melocotón (m)	персик (м)	[pérsik]
mermelada (f)	мармелад (м)	[marmelád]
miel (f)	мёд (м)	[mɵd]
miga (f)	крошка (ж)	[króʃka]
mijo (m)	просо (с)	[prósɔ]
mini tarta (f)	пирожное (с)	[piróʒnɔe]
mondadientes (m)	зубочистка (ж)	[zubɔʧístka]
mostaza (f)	горчица (ж)	[gɔrʧítsa]
nabo (m)	репа (ж)	[répa]
naranja (f)	апельсин (м)	[apel'sín]
nata (f) agria	сметана (ж)	[smetána]
nata (f) líquida	сливки (мн)	[slífki]
nuez (f)	грецкий орех (м)	[grétskij ɔréh]
nuez (f) de coco	кокосовый орех (м)	[kɔkósɔvij ɔréh]
olivas, aceitunas (f pl)	оливки (мн)	[ɔlífki]
oronja (f) verde	поганка (ж)	[pɔgánka]
ostra (f)	устрица (ж)	[ústritsa]
pan (m)	хлеб (м)	[hléb]
papaya (f)	папайя (ж)	[papája]
paprika (f)	паприка (ж)	[páprika]
pasas (f pl)	изюм (м)	[iz'úm]
pasteles (m pl)	кондитерские изделия (мн)	[kɔndíterskie izdélija]
paté (m)	паштет (м)	[paʃtét]
patata (f)	картофель (м)	[kartófel']
pato (m)	утка (ж)	[útka]
pava (f)	индейка (ж)	[indéjka]
pedazo (m)	кусок (м)	[kusók]
pepino (m)	огурец (м)	[ɔguréts]
pera (f)	груша (ж)	[grúʃa]
perca (f)	окунь (м)	[ókun']
perejil (m)	петрушка (ж)	[petrúʃka]
pescado (m)	рыба (ж)	[rɪ̃ba]
piña (f)	ананас (м)	[ananás]
piel (f)	кожура (ж)	[kɔʒurá]
pimienta (f) negra	чёрный перец (м)	[ʧɵrnij pérets]
pimienta (f) roja	красный перец (м)	[krásnij pérets]
pimiento (m) dulce	перец (м)	[pérets]
pistachos (m pl)	фисташки (мн)	[fistáʃki]
pizza (f)	пицца (ж)	[pítsa]

platillo (m)	блюдце (c)	[blʲútse]
plato (m)	блюдо (c)	[blʲúdɔ]
plato (m)	тарелка (ж)	[tarélka]
pomelo (m)	грейпфрут (m)	[gréjpfrut]
porción (f)	порция (ж)	[pórtsija]
postre (m)	десерт (m)	[desért]
propina (f)	чаевые (мн)	[tʃaevʲie]
proteínas (f pl)	белки (мн)	[belkí]
pudin (m)	пудинг (m)	[púding]
puré (m) de patatas	картофельное пюре (c)	[kartófelʲnɔe pʲuré]
queso (m)	сыр (m)	[sɨr]
rábano (m)	редис (m)	[redís]
rábano (m) picante	хрен (m)	[hrén]
rúsula (f)	сыроежка (ж)	[sɪrɔéʃka]
rebozuelo (m)	лисичка (ж)	[lisítʃka]
receta (f)	рецепт (m)	[retsæpt]
refresco (m)	прохладительный напиток (m)	[prɔhladítelʲnij napítɔk]
regusto (m)	привкус (m)	[prífkus]
relleno (m)	начинка (ж)	[natʃínka]
remolacha (f)	свёкла (ж)	[svǿkla]
ron (m)	ром (m)	[róm]
sésamo (m)	кунжут (m)	[kunʒút]
sabor (m)	вкус (m)	[fkús]
sabroso (adj)	вкусный	[fkúsnij]
sacacorchos (m)	штопор (m)	[ʃtópɔr]
sal (f)	соль (ж)	[sólʲ]
salado (adj)	солёный	[sɔlǿnij]
salchichón (m)	колбаса (ж)	[kɔlbasá]
salchicha (f)	сосиска (ж)	[sɔsíska]
salmón (m)	лосось (m)	[lɔsósʲ]
salmón (m) del Atlántico	сёмга (ж)	[sǿmga]
salsa (f)	соус (m)	[sóus]
sandía (f)	арбуз (m)	[arbús]
sardina (f)	сардина (ж)	[sardína]
seco (adj)	сушёный	[suʃónij]
seta (f)	гриб (m)	[gríb]
seta (f) comestible	съедобный гриб (m)	[sjedóbnij gríb]
seta (f) venenosa	ядовитый гриб (m)	[jɪdɔvítij gríb]
seta calabaza (f)	белый гриб (m)	[bélij gríb]
siluro (m)	сом (m)	[sóm]
sin alcohol	безалкогольный	[bezalkɔgólʲnij]
sin gas	без газа	[bez gáza]
sopa (f)	суп (m)	[súp]
soya (f)	соя (ж)	[sója]
té (m)	чай (m)	[tʃáj]
té (m) negro	чёрный чай (m)	[tʃórnij tʃáj]
té (m) verde	зелёный чай (m)	[zelǿnij tʃáj]
tallarines (m pl)	лапша (ж)	[lapʃá]
tarta (f)	торт (m)	[tórt]
tarta (f)	пирог (m)	[piróg]
taza (f)	чашка (ж)	[tʃáʃka]

tenedor (m)	вилка (ж)	[vílka]
tiburón (m)	акула (ж)	[akúla]
tomate (m)	помидор (м)	[pɔmidór]
tortilla (f) francesa	омлет (м)	[ɔmlét]
trigo (m)	пшеница (ж)	[pʃɛnítsa]
trucha (f)	форель (ж)	[fɔrǽlʲ]
uva (f)	виноград (м)	[vinɔgrád]
vaso (m)	стакан (м)	[stakán]
vegetariano (adj)	вегетарианский	[vegetariánskij]
vegetariano (m)	вегетарианец (м)	[vegetariánets]
verduras (f pl)	зелень (ж)	[zélenʲ]
vermú (m)	вермут (м)	[vérmut]
vinagre (m)	уксус (м)	[úksus]
vino (m)	вино (с)	[vinó]
vino (m) blanco	белое вино (с)	[bélɔe vinó]
vino (m) tinto	красное вино (с)	[krásnɔe vinó]
vitamina (f)	витамин (м)	[vitamín]
vodka (m)	водка (ж)	[vótka]
whisky (m)	виски (с)	[víski]
yema (f)	желток (м)	[ʒeltók]
yogur (m)	йогурт (м)	[jógurt]
zanahoria (f)	морковь (ж)	[mɔrkófʲ]
zarzamoras (f pl)	ежевика (ж)	[eʒevíka]
zumo (m) de naranja	апельсиновый сок (м)	[apelʲsínɔvij sók]
zumo (m) fresco	свежевыжатый сок (м)	[sveʒe·vĩʒatij sók]
zumo (m), jugo (m)	сок (м)	[sók]

Ruso-Español glosario gastronómico

абрикос (м)	[abrikós]	albaricoque (m)
авокадо (с)	[avɔkádɔ]	aguacate (m)
акула (ж)	[akúla]	tiburón (m)
алкогольные напитки (мн)	[alkɔgólʲnie napítki]	bebidas (f pl) alcohólicas
ананас (м)	[ananás]	piña (f)
анис (м)	[anís]	anís (m)
апельсин (м)	[apelʲsín]	naranja (f)
апельсиновый сок (м)	[apelʲsínɔvij sók]	zumo (m) de naranja
аперитив (м)	[aperitíf]	aperitivo (m)
аппетит (м)	[apetít]	apetito (m)
арахис (м)	[aráhis]	cacahuete (m)
арбуз (м)	[arbús]	sandía (f)
артишок (м)	[artiʃók]	alcachofa (f)
базилик (м)	[bazilík]	albahaca (f)
баклажан (м)	[baklaʒán]	berenjena (f)
банан (м)	[banán]	banana (f)
бар (м)	[bár]	bar (m)
баранина (ж)	[baránina]	carne (f) de carnero
бармен (м)	[bármɛn]	barman (m)
без газа	[bez gáza]	sin gas
безалкогольный	[bezalkɔgólʲnij]	sin alcohol
безалкогольный напиток (м)	[bezalkɔgólʲnij napítɔk]	bebida (f) sin alcohol
бекон (м)	[bekón]	beicon (m)
белки (мн)	[belkí]	proteínas (f pl)
белое вино (с)	[bélɔe vinó]	vino (m) blanco
белок (м)	[belók]	clara (f)
белый гриб (м)	[bélij gríb]	seta calabaza (f)
бифштекс (м)	[bifʃtǽks]	bistec (m)
блюдо (с)	[blʲúdɔ]	plato (m)
блюдце (с)	[blʲútse]	platillo (m)
бобы (мн)	[bɔbī]	habas (f pl)
бокал (м)	[bɔkál]	copa (f) de vino
брусника (ж)	[brusníka]	arándano (m) rojo
брюссельская капуста (ж)	[brʲuselʲskaja kapústa]	col (f) de Bruselas
бульон (м)	[buljón]	caldo (m)
бутерброд (м)	[buterbród]	bocadillo (m)
варенье (с)	[varénje]	confitura (f)
варёный	[varǿnij]	cocido en agua (adj)
вафли (мн)	[váfli]	gofre (m)
вегетарианец (м)	[vegetariánets]	vegetariano (m)
вегетарианский	[vegetariánskij]	vegetariano (adj)

вермут (м)	[vérmut]	vermú (m)
ветчина (ж)	[vettʃiná]	jamón (m)
вилка (ж)	[vílka]	tenedor (m)
вино (с)	[vinó]	vino (m)
виноград (м)	[vinográd]	uva (f)
виски (с)	[víski]	whisky (m)
витамин (м)	[vitamín]	vitamina (f)
вишня (ж)	[víʃnʲa]	guinda (f)
вкус (м)	[fkús]	sabor (m)
вкусный	[fkúsnij]	sabroso (adj)
вода (ж)	[vɔdá]	agua (f)
водка (ж)	[vótka]	vodka (m)
газированная	[gazirővanaja]	gaseoso (adj)
гамбургер (м)	[gámburger]	hamburguesa (f)
гарнир (м)	[garnír]	guarnición (f)
гвоздика (ж)	[gvɔzdíka]	clavo (m)
говядина (ж)	[gɔvʲádina]	carne (f) de vaca
горох (м)	[gɔróh]	guisante (m)
горчица (ж)	[gɔrtʃítsa]	mostaza (f)
горький	[górʲkij]	amargo (adj)
горячий	[gɔrʲátʃij]	caliente (adj)
гранат (м)	[granát]	granada (f)
грейпфрут (м)	[gréjpfrut]	pomelo (m)
грецкий орех (м)	[grétskij ɔréh]	nuez (f)
гречиха (ж)	[gretʃíha]	alforfón (m)
гриб (м)	[gríb]	seta (f)
груша (ж)	[grúʃa]	pera (f)
гусь (м)	[gúsʲ]	ganso (m)
десерт (м)	[desért]	postre (m)
джем, конфитюр (м)	[dʒǽm], [kɔnfitʲúr]	confitura (f)
джин (м)	[dʒīn]	ginebra (f)
диета (ж)	[diéta]	dieta (f)
дичь (ж)	[dítʃʲ]	caza (f) menor
дыня (ж)	[dīnʲa]	melón (m)
еда (ж)	[edá]	comida (f)
ежевика (ж)	[eʒevíka]	zarzamoras (f pl)
жареный	[ʒárenij]	frito (adj)
жевательная резинка (м)	[ʒevátelʲnaja rezínka]	chicle (m)
желток (м)	[ʒeltók]	yema (f)
жиры (мн)	[ʒirī]	grasas (f pl)
завтрак (м)	[záftrak]	desayuno (m)
закуска (ж)	[zakúska]	entremés (m)
замороженный	[zamɔróʒenij]	congelado (adj)
зелень (ж)	[zélenʲ]	verduras (f pl)
зелёный чай (м)	[zelǿnij tʃáj]	té (m) verde
земляника (ж)	[zemlɪníka]	fresa (f) silvestre
зерно (с)	[zernó]	grano (m)
зерновые растения (с мн)	[zernɔvīe rasténija]	cereales (m pl)
зубочистка (ж)	[zubɔtʃístka]	mondadientes (m)
изюм (м)	[izʲúm]	pasas (f pl)

икра (ж)	[ikrá]	caviar (m)
имбирь (м)	[imbírʲ]	jengibre (m)
индейка (ж)	[indéjka]	pava (f)
инжир (м)	[inʒír]	higo (m)
йогурт (м)	[jógurt]	yogur (m)
кабачок (м)	[kabatʃók]	calabacín (m)
калория (ж)	[kalórija]	caloría (f)
кальмар (м)	[kalʲmár]	calamar (m)
камбала (ж)	[kámbala]	lenguado (m)
капуста (ж)	[kapústa]	col (f)
капуста брокколи (ж)	[kapústa brókɔli]	brócoli (m)
карп (м)	[kárp]	carpa (f)
карта (ж) вин	[kárta vín]	carta (f) de vinos
картофель (м)	[kartófelʲ]	patata (f)
картофельное пюре (с)	[kartófelʲnɔe pʲuré]	puré (m) de patatas
каша (ж)	[káʃa]	gachas (f pl)
киви (м)	[kívi]	kiwi (m)
клубника (ж)	[klubníka]	fresa (f)
клюква (ж)	[klʲúkva]	arándano (m) agrio
кожура (ж)	[kɔʒurá]	piel (f)
кокосовый орех (м)	[kɔkósɔvij ɔréh]	nuez (f) de coco
коктейль (м)	[kɔktǽjlʲ]	cóctel (m)
колбаса (ж)	[kɔlbasá]	salchichón (m)
колос (м)	[kólɔs]	espiga (f)
кондитерские изделия (мн)	[kɔndíterskie izdélija]	pasteles (m pl)
консервы (мн)	[kɔnsérvi]	conservas (f pl)
конфета (ж)	[kɔnféta]	caramelo (m)
коньяк (м)	[kɔnják]	coñac (m)
копчёный	[kɔptʃónij]	ahumado (adj)
кориандр (м)	[kɔriándr]	cilantro (m)
корица (ж)	[kɔrítsa]	canela (f)
кофе (м)	[kófe]	café (m)
кофе (м) с молоком	[kófe s mɔlɔkóm]	café (m) con leche
кофе (м) со сливками	[kófe sɔ slífkami]	capuchino (m)
краб (м)	[kráb]	cangrejo (m) de mar
красная смородина (ж)	[krásnaja smɔródina]	grosella (f) roja
красное вино (с)	[krásnɔe vinó]	vino (m) tinto
красный перец (м)	[krásnij pérets]	pimienta (f) roja
креветка (ж)	[krevétka]	camarón (m)
крем (м)	[krém]	crema (f) de mantequilla
кролик (м)	[królik]	conejo (m)
крошка (ж)	[krójʃka]	miga (f)
крупа (ж)	[krupá]	cereales (m pl) integrales
крыжовник (м)	[kriʒóvnik]	grosella (f) espinosa
кукуруза (ж)	[kukurúza]	maíz (m)
кукуруза (ж)	[kukurúza]	maíz (m)
кукурузные хлопья (мн)	[kukurúznie hlópja]	copos (m pl) de maíz
кунжут (м)	[kunʒút]	sésamo (m)
курица (ж)	[kúritsa]	gallina (f)
кусок (м)	[kusók]	pedazo (m)
кухня (ж)	[kúhnʲa]	cocina (f)

лавровый лист (м)	[lavróvij líst]	hoja (f) de laurel
лангуст (м)	[langúst]	langosta (f)
лапша (ж)	[lapʃá]	tallarines (m pl)
лесной орех (м)	[lesnój ɔréh]	avellana (f)
лещ (м)	[léʃ]	brema (f)
лёд (м)	[lǿd]	hielo (m)
ликёр (м)	[likǿr]	licor (m)
лимон (м)	[limón]	limón (m)
лимонад (м)	[limɔnád]	limonada (f)
лисичка (ж)	[lisítʃka]	rebozuelo (m)
ложка (ж)	[lóʃka]	cuchara (f)
ломтик (м)	[lómtik]	loncha (f)
лосось (м)	[lɔsósʲ]	salmón (m)
лук (м)	[lúk]	cebolla (f)
майонез (м)	[majinǽs]	mayonesa (f)
макароны (мн)	[makaróni]	macarrones (m pl)
малина (ж)	[malína]	frambuesa (f)
манго (с)	[mángɔ]	mango (m)
мандарин (м)	[mandarín]	mandarina (f)
маргарин (м)	[margarín]	margarina (f)
маринованный	[marinóvanij]	marinado (adj)
мармелад (м)	[marmelád]	mermelada (f)
меню (с)	[menʲú]	carta (f), menú (m)
мёд (м)	[mǿd]	miel (f)
миндаль (м)	[mindálʲ]	almendra (f)
минеральная вода (ж)	[minerálʲnaja vɔdá]	agua (f) mineral
молоко (с)	[mɔlɔkó]	leche (f)
молочный коктейль (м)	[mɔlótʃnij kɔktǽjlʲ]	batido (m)
морепродукты (мн)	[more·prɔdúkti]	mariscos (m pl)
морковь (ж)	[mɔrkófʲ]	zanahoria (f)
мороженое (с)	[mɔróʒenɔe]	helado (m)
мука (ж)	[muká]	harina (f)
мухомор (м)	[muhɔmór]	matamoscas (m)
мясо (с)	[mʲásɔ]	carne (f)
начинка (ж)	[natʃínka]	relleno (m)
нож (м)	[nóʃ]	cuchillo (m)
обед (м)	[ɔbéd]	almuerzo (m)
овёс (м)	[ɔvǿs]	avena (f)
овощи (м мн)	[óvɔʃi]	legumbres (f pl)
огурец (м)	[ɔguréts]	pepino (m)
окорок (м)	[ókɔrɔk]	jamón (m) fresco
окунь (м)	[ókunʲ]	perca (f)
оливки (мн)	[ɔlífki]	olivas, aceitunas (f pl)
оливковое масло (с)	[ɔlífkɔvɔe máslɔ]	aceite (m) de oliva
омлет (м)	[ɔmlét]	tortilla (f) francesa
осетрина (ж)	[ɔsetrína]	esturión (m)
открывалка (ж)	[ɔtkriválka]	abrebotellas (m)
открывалка (ж)	[ɔtkriválka]	abrelatas (m)
официант (м)	[ɔfitsiánt]	camarero (m)
официантка (ж)	[ɔfitsiántka]	camarera (f)
палтус (м)	[páltus]	fletán (m)
папайя (ж)	[papája]	papaya (f)

паприка (ж)	[páprika]	paprika (f)
паштет (м)	[paʃtét]	paté (m)
перец (м)	[pérets]	pimiento (m) dulce
персик (м)	[pérsik]	melocotón (m)
петрушка (ж)	[petrúʃka]	perejil (m)
печень (ж)	[pétʃenʲ]	hígado (m)
печенье (с)	[petʃénje]	galletas (f pl)
пиво (с)	[pívɔ]	cerveza (f)
пирог (м)	[piróg]	tarta (f)
пирожное (с)	[piróʒnɔe]	mini tarta (f)
питьевая вода (ж)	[pitjevája vɔdá]	agua (f) potable
пицца (ж)	[pítsa]	pizza (f)
поганка (ж)	[pɔgánka]	oronja (f) verde
подберёзовик (м)	[pɔdberǿzɔvik]	boleto (m) áspero
подосиновик (м)	[pɔdɔsínɔvik]	boleto (m) castaño
подсолнечное масло (с)	[pɔtsólnetʃnɔe máslɔ]	aceite (m) de girasol
помидор (м)	[pɔmidór]	tomate (m)
порция (ж)	[pórtsija]	porción (f)
привкус (м)	[prífkus]	regusto (m)
приправа (ж)	[pripráva]	condimento (m)
Приятного аппетита!	[prijátnɔvɔ apetíta]	¡Que aproveche!
просо (с)	[prósɔ]	mijo (m)
прохладительный напиток (м)	[prɔhladítelʲnij napítɔk]	refresco (m)
пряность (ж)	[prʲánɔstʲ]	especia (f)
пудинг (м)	[púding]	pudin (m)
пшеница (ж)	[pʃɛnítsa]	trigo (m)
ракообразные (мн)	[rakɔɔbráznie]	crustáceos (m pl)
растворимый кофе (м)	[rastvɔrímij kófe]	café (m) soluble
растительное масло (с)	[rastítelʲnɔe máslɔ]	aceite (m) vegetal
редис (м)	[redís]	rábano (m)
репа (ж)	[répa]	nabo (m)
рецепт (м)	[retsǽpt]	receta (f)
рис (м)	[rís]	arroz (m)
рожь (ж)	[róʃ]	centeno (m)
ром (м)	[róm]	ron (m)
рыба (ж)	[rɨ̃ba]	pescado (m)
с газом	[s gázɔm]	con gas
салат (м)	[salát]	lechuga (f)
салат (м)	[salát]	ensalada (f)
сардина (ж)	[sardína]	sardina (f)
сахар (м)	[sáhar]	azúcar (m)
свежевыжатый сок (м)	[sveʒe·vɪ̃ʒatij sók]	zumo (m) fresco
светлое пиво (с)	[svétlɔe pívɔ]	cerveza (f) rubia
свёкла (ж)	[svǿkla]	remolacha (f)
свинина (ж)	[svinína]	carne (f) de cerdo
сгущённое молоко (с)	[sguʃǿnɔe mɔlɔkó]	leche (f) condensada
сельдерей (м)	[selʲderéj]	apio (m)
сельдь (ж)	[sélʲtʲ]	arenque (m)
сёмга (ж)	[sǿmga]	salmón (m) del Atlántico
скумбрия (ж)	[skúmbrija]	caballa (f)
сладкий	[slátkij]	azucarado, dulce (adj)

слива (ж)	[slíva]	ciruela (f)
сливки (мн)	[slífki]	nata (f) líquida
сливочное масло (с)	[slívotʃnɔe máslɔ]	mantequilla (f)
сметана (ж)	[smetána]	nata (f) agria
сморчок (м)	[smɔrtʃók]	colmenilla (f)
со льдом	[sɔ lʲdóm]	con hielo
сок (м)	[sók]	zumo (m), jugo (m)
солёный	[sɔlǿnij]	salado (adj)
соль (ж)	[sólʲ]	sal (f)
сом (м)	[sóm]	siluro (m)
сосиска (ж)	[sɔsíska]	salchicha (f)
соус (м)	[sóus]	salsa (f)
соя (ж)	[sója]	soya (f)
спагетти (мн)	[spagéti]	espagueti (m)
спаржа (ж)	[spárʒa]	espárrago (m)
стакан (м)	[stakán]	vaso (m)
столовая ложка (ж)	[stɔlóvaja lóʃka]	cuchara (f) de sopa
судак (м)	[sudák]	lucioperca (f)
суп (м)	[súp]	sopa (f)
сушёный	[suʃónij]	seco (adj)
счёт (м)	[ʃót]	cuenta (f)
съедобный гриб (м)	[sjedóbnij gríb]	seta (f) comestible
сыр (м)	[sῑr]	queso (m)
сыроежка (ж)	[sirɔéʃka]	rúsula (f)
тарелка (ж)	[tarélka]	plato (m)
телятина (ж)	[telʲátina]	carne (f) de ternera
тёмное пиво (с)	[tǿmnɔe pívɔ]	cerveza (f) negra
тмин (м)	[tmín]	comino (m)
томатный сок (м)	[tɔmátnij sók]	jugo (m) de tomate
торт (м)	[tórt]	tarta (f)
треска (ж)	[treská]	bacalao (m)
тунец (м)	[tunéts]	atún (m)
тыква (ж)	[tῑkva]	calabaza (f)
углеводы (мн)	[uglevódɨ]	carbohidratos (m pl)
угорь (м)	[úgɔrʲ]	anguila (f)
ужин (м)	[úʒin]	cena (f)
укроп (м)	[ukróp]	eneldo (m)
уксус (м)	[úksus]	vinagre (m)
устрица (ж)	[ústritsa]	ostra (f)
утка (ж)	[útka]	pato (m)
фарш (м)	[fárʃ]	carne (f) picada
фасоль (ж)	[fasólʲ]	fréjol (m)
финик (м)	[fínik]	dátil (m)
фисташки (мн)	[fistáʃki]	pistachos (m pl)
форель (ж)	[fɔræͤlʲ]	trucha (f)
фрукт (м)	[frúkt]	fruto (m)
хлеб (м)	[hléb]	pan (m)
холодный	[hɔlódnij]	frío (adj)
хрен (м)	[hrén]	rábano (m) picante
цветная капуста (ж)	[tsvetnája kapústa]	coliflor (f)
чаевые (мн)	[tʃaevῑe]	propina (f)
чай (м)	[tʃáj]	té (m)

чайная ложка (ж)	[tʃájnaja lóʃka]	cucharilla (f)
чашка (ж)	[tʃáʃka]	taza (f)
черешня (ж)	[tʃeréʃnʲa]	cereza (f)
черника (ж)	[tʃerníka]	arándano (m)
чеснок (м)	[tʃesnók]	ajo (m)
чечевица (ж)	[tʃetʃevítsa]	lenteja (f)
чёрная смородина (ж)	[tʃórnaja smɔródina]	grosella (f) negra
чёрный кофе (м)	[tʃórnij kófe]	café (m) solo
чёрный перец (м)	[tʃórnij pérets]	pimienta (f) negra
чёрный чай (м)	[tʃórnij tʃáj]	té (m) negro
шампанское (с)	[ʃampánskɔe]	champaña (f)
шафран (м)	[ʃafrán]	azafrán (m)
шоколад (м)	[ʃɔkɔlád]	chocolate (m)
шоколадный	[ʃɔkɔládnij]	de chocolate (adj)
шпинат (м)	[ʃpinát]	espinaca (f)
штопор (м)	[ʃtópɔr]	sacacorchos (m)
щука (ж)	[ʃʲúka]	lucio (m)
яблоко (с)	[jáblɔkɔ]	manzana (f)
ягода (ж)	[jágɔda]	baya (f)
ягоды (ж мн)	[jágɔdi]	bayas (f pl)
ядовитый гриб (м)	[jɪdɔvítij gríb]	seta (f) venenosa
язык (м)	[jɪzɨ̄k]	lengua (f)
яичница (ж)	[iíʃnitsa]	huevos (m pl) fritos
яйца (мн)	[jájtsa]	huevos (m pl)
яйцо (с)	[jɪjtsó]	huevo (m)
ячмень (м)	[jɪtʃ ménʲ]	cebada (f)